임포스터

KB192293

임포스터 IMPOSTOR

가면을 쓴 부모가
가면을 쓴 아이를 만든다

리사 손 지음

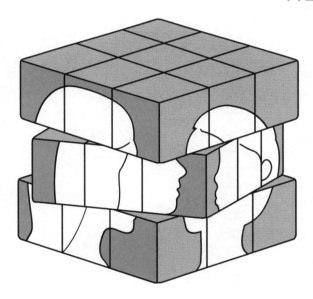

21세기북스

"엄마, 내 머릿속에도 수많은 생각이 있어요!"

2019년 여름, 나는 《메타인지 학습법》이라는 책을 세상에 내놓았다. 이 책의 핵심을 한마디로 표현하면 바로 '너 자신을 알라'이다. 나 자신을 잘 알기 위해서는 두 가지 단계를 거쳐야 한다. 내가 얼마나 알고 있는가를 판단하는 모니터링이 첫 단계이고, 앞으로 더 알아야 할 내용을 익히기 위해 좋은 학습전략을 선택하는 컨트롤이 두 번째 단계이다. 가령 모니터링 단계에서 내용이 어려워 이해가 잘 안 된다고 판단했다면, 컨트롤 단계에서는 좀 더 공부해야겠다고 결정하게 된다.

자녀가 메타인지를 활용하여 학습할 때, 부모가 잊지 말아야 할 것은 아이의 메타인지가 숨겨져 있다는 사실이다. 아이는 내면의 거울을 통해 스스로를 판단하게 되는데, 이 거울이 부모에게는 보이지 않는다. 자녀 내면에서 이뤄지는 모니터링과 컨트롤 과정을 눈으로 확인할 수 없기 때문에 부모는 아이가 공부를 안 한다고 오해할 수 있다. 그래서 불안한 마음에 "지금 이해는 하고 있는 거니?" "왜 필기 안 하고 멀뚱히 보고만 있어?" "시험 준비는 다 했어?"라며 아이를 다그치게 된다. 빠르고, 쉽게, 실수 없이 배우는 것이 좋은 학습이라고 믿는 부모들에게 나는 조금 다른 이야기를 해보려고 한다.

당신의 자녀가 거울 앞에 서 있다. 거울은 아이의 키와 이목구비, 얼굴표정 등을 명확하게 비춰준다. 반면 메타인지 거울은 타인의 눈에 보이지 않는다. 이 특별한 거울은 내면에 감춰져 있어서 아이의 마음속에서 생겨나는 생각과 감정들은 가까이 있어도 볼 수가 없다. 자기만의 소견을 가지고 주체적으로 커나가는 아이를 지켜보는 건 뿌듯한 일이지만, 부모는 같은 이유로 쉽게 불안해질 수도 있다. 내 눈에 보이지 않는다고 해서 아이의 머릿속에 아무것도 없는 게 아닌데, 아이를 온전하게 믿어주기가 생각처럼 쉽지 않다.

유치원에 다니던 내 아들 기욱이도 궁금한 것이 너무 많아 늘 질문이 넘쳐났다. 내 일만으로도 골치가 아프던 어느 날, 뇌에 관심이 많았던 아이는 "이 노래 기억나?" 하고 내게 집요하게 물었다. 나는 조금 무성의한 말투로 기억나지 않는다고 했다. "나는 이 노래가 기억나는데 엄마는 왜 기억을 못 해? 나이가 많아서 그런가? 엄마 뇌세포 죽은 거 아냐?" 쉬지 않고 물어오는 아이에게 나는 순간적으로 짜증이 났다. "엄마는 다른 생각들로 머리가 꽉 차서 그 노래까지 다 기억하고 있을 수 없어." 엄마가 바쁘다는 사실을 눈치챘는지 아이는 조용히 입을 다물었다. 잠자코 있던 아이는 조금 뒤 내게 다가와 이렇게 속삭였다. "엄마, 나도 생각할 거 많거든? 엄마 눈에는 안 보이겠지만 내 머릿속에도 정말 많은 생각이 들어 있어!"

순간 나는 내 생각에 치여서 정작 기욱이의 생각은 무시했다는 걸 깨달았다. 아이가 애써 자기 내면의 생각을 표현하려고 했는데 그걸 모르는 척 지나가려 했던 것이다. 이는 부모와 자녀 사이에서 숱하게 벌어지는 일일 수 있다. 이런 일이 반복되다 보면 아이는 점점 자기 생각을 꺼내길 망설이게 될지도 모른다.

나는 메타인지를 용기라고 정의한다. 학습이 이뤄지려면 포기하지 않는 용기, 도전하는 용기, 실수를 극복하는 용기, 창피함을 무릅쓰는 용기, 모르는 것을 인정하는 용기, 다른 사람에게 물어보는 용기 등 정말로 많은 용기가 필요하다. 메타인지를 정의하는 데 필요한 또 하나의 키워드는 바로 믿음이다. 용기를 발휘하기 위해서는 믿음이 필요하기 때문이다.

자녀에게는 자기 내면의 거울을 표현하는 용기가 필요하고, 부모에게는 아이가 스스로 표현할 수 있을 때까지 기다려주는 믿음이 필요하다. 아이가 말 없이 조용히 있든 말실수를 하든, 부모는 아이 나름대로 내면의 거울을 통해 인지하고 사유하며 학습하고 있을 거라는 믿음을 가져야 한다. 이 책이 그런 믿음을 현실로 옮기는 데 조금이나마 도움이 되길 바란다.

목차

.... Chapter ① ....

가면을 벗기 위한 메타인지 사고법 첫 번째,
행복에 도달하는 길은 울퉁불퉁하다

Chapter ③

가면을 벗기 위한 메타인지 사고법 세 번째,
진정한 겸손은 도움을 청할 줄 아는 것

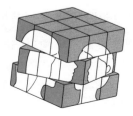

들어가는 말
임포스터는 어린 시절부터 시작된다

《메타인지 학습법》을 집필하고 난 뒤, 나는 메타인지의 특성 중 어떤 부분이 한국 문화에 잘 들어맞고 중요할지 깊이 생각해보았다. 뿐만 아니라 메타인지 강연 후 학부모들과 가졌던 대화 시간에, 나도 내 내면의 거울을 통해 나를 더 깊이 관찰할 수 있었다.

《메타인지 학습법》에서도 밝혔듯 나도 나를 인정하는 용기가 많이 부족했었다. 남보다 느리거나 남과 다르다는 생각에 창피함을 느꼈고, 힘든데도 괜찮은 척했으며, 실수를 저지를까 봐 입을 다물곤 했다. 과거의 나는 내 진짜 모습을 가리기 위해 가면 뒤에 숨었던 적이 많다.

우리는 대체 언제부터 가면을 쓰게 될까? 어릴 때는 재미로 가면을 쓰기도 한다. 슈퍼히어로 가면을 쓰는 순간 아이들은 단숨에

초월적 존재로 변신한다. 아이언맨으로 변신해서 집안 곳곳을 날아다니듯 뛰어다닌다. 어느새 아이들의 목소리도 달라져 있다. 옆에서 지켜보는 부모들은 아이가 진짜 히어로라도 된 양 속아 넘어가준다. "아이언맨이다!" 나 역시 멋지게 변신한 아이들 앞에서 아무렇지도 않게 히어로와 맞서 싸우는 괴물이 된다.

헬러윈처럼 특별한 날에는 어른들도 가면놀이를 한다. 단 하루지만 내가 아닌 다른 존재로 살아보는 일은 생각보다 짜릿하고 즐겁다. 가면을 쓰는 동안에는 나를 감추고 다른 사람처럼 행동할 수 있기 때문이다.

그런데 가면놀이가 놀이로만 그치지 않는다면 그건 어떨까? 매일매일 일상에서 가면을 쓰고 살아야 한다면 그것이 마냥 재미있고 즐거울까? 살면서 우리는 우리의 진짜 모습을 숨기고 싶을 때가 있다. 하지만 우리 자신을 있는 그대로 보지 못하면 정확한 메타인지 사용에 문제가 생길 수 있으며, 자기를 감추는 행동은 가면증후군으로 알려진 '임포스터 현상Impostor Phenomenon'으로 이어질 수도 있다.

정확한 메타인지 사용의 목적은 자신을 있는 그대로 바라보면서 자신에 대한 믿음과 용기를 가지는 데 있는데, 자신에 대한 믿음을 잃어버리면 자기 정체성도 흔들릴 수 있다. 이 책에서는 자기를 상실한 사람들, 즉 '임포스터Impostor'에 대해 이야기해보려고 한다.

임포스터(남을 사칭하는 사람, 사기꾼이라는 의미) 증후군이란 자신은 남들이 생각하는 만큼 뛰어나지 않으며 따라서 자신이 주변을 속이며 산다고 믿는 불안심리를 말한다. 증후군이라고는 하지만 너무 많은 사람들에게 빈번하게 일어나는 경험이어서 정신건강 전문가들의 진단매뉴얼인 《DSM-5》에서조차 임포스터 증후군을 정신질환으로 분류하지 않는다.

학계는 임포스터 증후군을 질환이 아닌 경험이나 현상으로 분류하는 문제를 놓고 여전히 논의 중이다. 이 책에서는 임포스터 경험이나 현상을 나타내는 용어로 '임포스터이즘Impostorism'을 사용할 것이며, 임포스터이즘을 겪는 사람을 '임포스터'라고 지칭하고자 한다.

나는 사람들에게 내가 경험한 임포스터이즘을 설명하려고 늘 노력해왔다. "남들을 속이는 것 같은 기분이 들어. 내가 잘해서 성공한 것이 아니라 그냥 운이 좋았던 것 같아." 하지만 그때마다 사람들은 "성공해서 행복하면 됐지, 뭐" 하며 임포스터이즘을 대수롭지 않은 일로 넘겨버리곤 했다. 하지만 오늘날 정말로 많은 사람들이 나처럼 임포스터이즘을 경험하고 있으리라 믿는다. 연구에 따르면 전 미국 인구의 약 70% 정도가 이 현상을 겪고 있을 것으로 추정하고 있다. 진짜 문제는 임포스터들조차도 이 문제를 대수롭지 않게 여긴다는 데 있다.

임포스터 현상은 주로 성공한 사람들에게서 더 빈번하게 일어난다고 알려져 있다. 사람들은 임포스터이즘이 성공 이후에 나타나는 현상일 거라고 착각하지만 사실은 그렇지 않다. 임포스터이즘은 어린 시절부터 생겨날 수 있으며 심지어 학습될 수도 있다. 아이들은 임포스터 성향의 부모나 교사를 통해 은연중에 임포스터이즘을 학습해나가며 그 영향으로 임포스터가 될 수 있다. 부모나 교사로부터 "사람들이 네 능력을 과대평가하고 있어"라는 메시지를 받은 적 있는 아이는 무의식 중에 자신을 임포스터처럼 느낄 수 있다.

임포스터에 관한 연구들에 따르면, 나이와 직업을 불문하고 수많은 사람들이 아주 다양한 방식으로 임포스터이즘을 경험한다. 자신의 정체가 발각될 것을 두려워하여 가면을 쓰며, 완벽주의, 실패에 대한 두려움, 역량 부족의 느낌 때문에 고통받는다.

나는 그중에서도 한국 아이들이 임포스터이즘의 고통을 더 자주 경험하지 않을까 조심스레 추측해본다. 임포스터이즘 때문에 힘들어할지도 모를 한국 학생들에게 나는 "공부를 열심히 하는 학생이나 성적이 좋은 학생도 겉으로는 행복해 보일지 모르나 속으로는 많이 불안할 수 있다"고 말해주고 싶다. 대부분의 임포스터는 어린 시절부터 임포스터이즘을 경험하게 된다. 특히 공부와 학습을 지상과제로 여기는 한국에서는 어린 학생들이야말로 임포스터이즘의 고위험군이 될 가능성이 높다.

공부를 열심히 하는 아이를 보면서 부모는 안심할 수도 있지만, 아이는 괜찮아 보이는 가면 아래서 불안에 시달리고 있을 수 있다.

임포스터 성향의 학생들은 다른 학생에 비해 자기 실력이 부족하다고 믿지만, 실제로는 공부도 열심히 하고 성적도 뛰어난 편이다. 하지만 부모와 교사들에게는 성적이 우수한 학생일 뿐이기에 불안에 떠는 학생의 속마음은 알 길이 없다.

이 책을 쓴 첫 번째 이유는 임포스터로서 가면을 쓰고 살았던 내가 어떻게 진실한 나 자신을 찾게 되었는지 그 변화 과정을 나누고 싶어서였다. 하지만 또 다른 이유가 있다. 가면에 익숙해져서 자신을 드러내고 표현하기 어려워하는 한국 독자들에게 메타인지를 사용하여 진짜 자신과 만나는 방법을 알려주고 싶었기 때문이다. 임포스터이즘과 관련된 심리학 실험들을 정리하면서, 나는 사람들이 왜 임포스터 가면을 쓰는지, 그리고 그 가면을 왜 유지하거나 벗어야 하는지 고민해볼 필요가 있다고 생각했다.

이 책에서 나는 임포스터이즘을 우리 인생에 꽤 큰 영향을 미치는 행복, 사후과잉확신편향, 겸손이라는 개념과 연결시켜 다뤄보려고 한다. 이 세 가지 개념과 연결된 삶의 여러 영역에서 임포스터이즘이 어떻게 모습을 드러내는지, 그리고 가면을 벗는 과정에서 메타인지가 어떤 역할을 할 수 있는지를 이야기할 것이다.

Chapter ①

가면을 벗기 위한 메타인지 사고법 첫 번째,

행복에 도달하는 길은 울퉁불퉁하다

An Impostor's Story

교수로 임용되고 학교로 출근한 첫날, 나는 학과 건물 앞에 한참을 서서 몇 번이고 호흡을 가다듬었다. 그리고 잔뜩 긴장한 나 자신을 향해 이렇게 속삭였다. '리사, 넌 잘할 수 있어! 지금까지 해왔던 것처럼 열심히 하면 돼.' 옷매무새를 한번 더 가다듬고 건물 안으로 들어갔다. 나는 엘리베이터를 타는 대신 계단으로 향했다. 아직은 다른 교수들을 만날 준비가 되지 않았으므로 천천히 계단을 오르며 마음의 긴장을 풀고 싶었다.

심리학과 학과장실 앞에 도착한 뒤, 다시 한번 마음을 가다듬었다. 돌아보면 마음을 가다듬던 그 시간이 바로 '가면'을 쓰는 시간이었다. 긴장을 없애기는 어려워도 긴장을 감추는 일은 손쉬웠다. 내게 가면은 익숙하니까. 나는 살짝 미소를 머금고 허리를 꼿꼿이 세워 자신감을 장착한 뒤, 밝은 표정으로 인사를 건네며 방으로 들어갔다.

가면은 긴장으로 잔뜩 얼어붙어 있던 나를 감쪽같이 숨겨주었다. 가면을 쓴 나의 대화는 물 흐르듯 자연스럽고 유머에도 능숙했다. "그래, 자네 오피스에는 들러봤나?" 가면을 쓴 나는 학과장의 질문에 유쾌하게 대답했다. "오피스에 가던 길이었어요. 아무 문제없어요." 다른 사람들 앞에서만큼은 나는 빈틈 없는 완벽한 사람이었다.

오피스에 도착해 혼자가 되자마자 나는 가면을 벗어던졌다. 가면을 벗은 민낯의 나는 이렇게 중얼거렸다. "어쩌면 좋아. 누가 나 같은 사람을 믿고 오피스를 내주겠어? 이번에는 그저 운이 좋았을 뿐이야." 그리고 오피스를 정리하는 동안 이렇게 다짐하는 나 자신을 발견했다. '이런 자신 없는 내 모습을 남들에게 절대 들켜서는 안 돼.'

자신의 성공을
가짜라고 믿는 사람들

교수로 임용되던 날, 나를 사로잡은 것은 '이건 순전히 운'이라는 생각이었다. 교수가 되기 위해 내가 열심히 노력했던 것은 사실이나, 교수 임용은 내 능력보다는 행운이 작용한 결과라고 믿었다. 그리고 운은 언제든 바뀔 수 있는 것이기에 내가 이룬 성공은 완벽한 성공이 아니라고 믿었다. 나는 나의 부족한 이면이 발각될까 두려웠고, 나의 초라한 실체를 숨기기 위해 '완벽해 보이는 가면'을 쓰고 다녔다.

　1978년 클랜스와 아임즈Clance & Imes는 이러한 내면의 비밀스러운 두려움을 '임포스터이즘'이라고 명명했다. 임포스터이즘은 자신이 사기꾼이라는 끔찍한 비밀이 발각될 경우 성공이 한순간에 물거품이 될 것이라고 믿는 사고패턴이다. 연구 초기에는 임포스터

이즘이 성취 수준이 높고 사회적으로 성공한 여성들에게서 나타
나는 것으로 알려졌었다. 이 여성들은 자신의 정당한 노력을 통해
높은 목표에 도달했음에도 불구하고 '나의 성공은 가짜야. 나는 성
공을 말할 자격이 없어'라고 스스로의 성취를 깎아내렸다.

　　하지만 이후로는 임포스터 현상이 여성뿐 아니라 남성에게서도
비슷하게 나타난다는 사실이 밝혀졌다. 남성들 역시도 성공의 결
과에 대해 두려움을 느끼며, 그러한 두려움 때문에 가면을 쓰는 것
으로 나타났다.

◆ 임포스터가 되었을 때 나타나는 현상들

임포스터이즘이라는 개념이 세상에 처음 소개되었을 때, 두 개의
임포스터 척도Impostor Scale가 개발되었다. 하나는 아임즈의 태도 척
도(Imes' Attribution Scale, 1979)이고, 다른 하나는 하비의 아이-피
척도(Harvey's I-P Scale, 1981)다. 이후로도 임포스터이즘을 측정하
기 위한 여러 척도들이 개발되었는데, 이 척도들이 공통적으로 측
정하고 있는 것은 임포스터들이 자기 자신에 대해 어떻게 느끼고,
생각하고 있는가이다. 내가 정리해본 임포스터 척도들의 다섯 가
지 핵심내용은 다음과 같다.

1. 타인의 평가에 두려움을 느낀다

　　자신의 실제 능력이 밖에서 보여지는 것보다 더 부족하다고 느

껴 끊임없이 자신을 남들과 비교하며, 자신의 부족한 모습을 들킬까 봐 타인의 평가를 피하고자 한다. "사실 나는 사람들이 평가하는 것처럼 그렇게 유능하지 않아" "남들이 나보다 훨씬 더 뛰어날 거야"라고 생각하는 경향이 있다.

2. 자기 능력을 평가절하한다

성공이란 결과가 능력이 아닌 운 때문이라고 믿는다. "내가 이만큼 성공한 건 다 운이 좋아서야"라고 생각하며, 결과가 가져오는 긍정적 감정을 과소평가하고 죄책감을 느끼는 경향이 있다. '자격도 없는 내가 성공했다'고 믿기 때문에 성공해도 행복과 기쁨을 잘 누리지 못한다.

3. 완벽주의가 있다

타인에게 좋은 모습만 보여줘야 하므로 모든 면에서 완벽해야 한다고 믿는다. 어떤 일에 성공하더라도 만족스러워하기보다 더 잘하지 못한 것에 대해 후회한다. "나는 지금의 성과가 실망스러워" "더 많은 걸 성취해야 했어" "지금보다 더 좋은 결과를 만들어야 해"라고 생각한다.

4. 실수나 실패를 두려워한다

사람들 앞에서 자신의 완벽하지 못한 모습을 들킬까 봐 불안해한다. "사람들 앞에서 실수하는 모습을 보이고 싶지 않아" "대체로는 잘해낸다 해도 새로운 과제에서 실패할까 봐 두려워" "내가 최고가 되지 못하거나 특별한 존재란 걸 증명해내지 못하면 너무 우울하고 실망스러워"라고 생각한다.

5. 성공을 두려워한다

대부분의 사람들은 성공하면 행복을 느끼지만 임포스터는 두려움을 느낀다. 미래에 실패할 수도 있다고 느껴 미리 불안해하기 때문이다. "나를 칭찬해준 사람들의 기대에 부응하지 못할까 봐 두려워" "내 능력에 대한 사람들의 칭찬을 받아들이기 어려워" "다음에도 지금처럼 해내지 못하면 어쩌지?"라고 생각한다.

임포스터가 느끼는 핵심 정서는 불안이다. 성공을 거둔 임포스터는 겉으로는 행복해 보일지 몰라도 마음속에서는 불안 증상들에 끊임없이 시달린다. 아임즈 척도 가운데 임포스터의 속마음을 정확하게 반영하는 문항이 '나에게 중요한 사람들이 내가 그들이 기대하는 만큼 실력이 좋지 않다는 사실을 알아차리게 될까 봐 두렵다'이다. 이 문항에 동조하는 사람일수록 임포스터이즘을 강렬하게 경험한다. 임포스터는 자신의 무능이 들통날지도 모른다는 생각 때문에 성공해도 온전한 기쁨을 느낄 수가 없다.

그렇다면 임포스터는 자기 능력에 대해 칭찬을 받으면 행복해할까? 안타깝게도 능력과 기량에 대한 칭찬은 임포스터이즘을 한 층 더 강화시킨다. 타인이 나의 성공을 '내 능력' 때문이라고 오해하고 있기 때문에 그들은 본모습을 들키지 않기 위해 더욱더 두꺼운 가면을 쓰게 되고, 실수 없이 더 완벽하게 행동하려고 한다.

성실하고 성적도 뛰어난
학생들이 불안해하는 이유

미국의 명문대학으로 손꼽히는 콜롬비아대학의 많은 학생들도 임
포스터 성향을 가지고 있는 듯하다. 그들은 명문대학의 높은 기준
을 통과한 수재들이지만 마음속에 불안을 달고 산다. 성공에 대한
두려움은 그들이 유독 더 자주 경험하는 감정이다. 좋은 학교에 다
니고 있으니 앞으로도 성공하는 모습만 보여줘야 한다고 느끼고,
실수라도 한번 하면 다른 사람들이 자신에게 실망하게 될까 봐 겁
을 낸다.

　또 자신은 능력이 부족한 사람이기 때문에 완벽을 향한 과도한
노력이 불가피하다고 여긴다. 한 번의 실수에도 자신의 정체가 탄
로났다고 겁을 먹고, 주변 사람들과 비교해 자신의 실력을 형편없
다고 판단하기 때문에 도전 자체를 포기해버리기도 한다. 자신의

본모습을 숨기기 위해 부단히 가면을 써야 하는 임포스터는 '성공과 불안'의 악순환에 갇히게 된다.

임포스터들의 상당수는 불면증에 시달린다. 자신의 본모습을 숨겨야 하기 때문에 본인이 느끼는 불안감을 타인에게 털어놓을 수도, 이해시킬 수도 없다. 결국 혼자만 생각이 많아져서 밤잠을 설친다. 내게도 비슷한 경험이 있다. 언젠가 불면증으로 인한 괴로움을 친구에게 털어놓은 적이 있는데 대화는 결국 다음과 같이 끝이 나고 말았다.

나: 나 요새 불면증이라 잠을 못 자. 세 시간만 자도 잘 잔 거야.
친구: 너무 피곤하겠다. 왜 그렇게 잠을 못 자?
나: 모르겠어. 불안해서 그런가 봐.
친구: 부족한 것도 없는 애가 뭐가 불안하다고 그러니? 너 지금 행복하잖아.
나: 그래 맞아, 행복하지…….

불면증의 원인이 된 내 불안에 대해 친구에게 솔직하게 말할 수 없었던 나는 상관없는 이야기로 화제를 돌려야 했다. 나를 행복한 사람이라고 알고 있는 친구에게 내 본모습을 드러내기가 쉽지 않았다. 불안해하는 내 모습, 즉 완벽하지 않은 내 모습을 친구에게 들키는 것이 내게는 큰 두려움이었다.

물론 임포스터도 다른 사람들처럼 행복을 느낀다. 문제는 행복이 찾아왔을 때 그 행복을 충분히 누리지 못하고 금세 불안에 사로잡힌다는 데 있다. 임포스터들은 밖으로 '완벽'과 '행복'이라는 가면을 쓰지만 불안한 마음은 끝이 없다.

자신을 무능한 가짜라고 믿는 임포스터들은 두 가지 두드러진 행동양상을 보인다. 바로 '과도한 노력'과 '미루기'다. '과도한 노력'은 자신이 가짜란 사실이 탄로나는 것을 막기 위해 남보다 더 열심히 노력해야 한다고 믿는 데서 오는 근면함이다. 그 밑에는 실패에 대한 두려움이 깔려 있다.

이와 반대로 '미루기'는 시험공부나 면접준비 등 해야 할 일을 앞두고 일부러 하지 않는 것이다. 미루기는 일종의 자기불구화Self-handicapping 현상으로, 자기가 뻔히 실패할 것 같은 일을 앞두고 일을 미룸으로써 미리 실패의 이유를 만들어놓는 심리다. 실패했을 때 그 원인을 자신이 아닌 다른 것으로 돌리기 위해서 일부러 성과를 내기 어려운 상황을 만드는 것이다.

'과도한 노력'과 '미루기'는 임포스터가 자신의 능력을 신뢰하지 못하는 데서 나오는 특징적 행동이다. 그들은 자신의 성공은 뼈빠지게 노력한 결과 아니면 순전히 운이 작용한 결과라고 믿기 때문에 자신의 성공을 진짜라고 생각하지 않으며, 그런 믿음 때문에 타인으로부터 칭찬을 받으면 불안해진다. 다음 그림은 이런 사고방식의 악순환을 잘 보여준다.

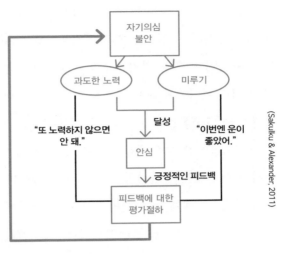

(Sakulku & Alexander, 2011)

임포스터가 쉽게 빠지는 사고회로

◆ 미룰 때까지 미루다가
   포기해버린다?

임포스터이즘을 겪는 사람이 워낙 많다 보니 그런 문제를 가진 사람이 이젠 거의 정상으로 통할 정도다. 심지어 전 미국 영부인 미셸 오바마도 자신이 겪는 임포스터이즘에 대해 언급한 적이 있다. 미셸 오바마Michelle Obama는 프린스턴대학과 하버드 로스쿨을 졸업한 뒤 변호사로 활약했으며 미국 최초로 아프리카계 미국인 영부인의 자리에 오른 화려한 이력의 소유자다.

올 걸즈 스쿨All-girls school의 여학생들에게 연설을 하던 도중 그녀는 자신이 경험한 임포스터이즘에 대해 솔직하게 털어놓았다. "당신이 희망의 상징이 되는 것에 대해 어떻게 생각하세요?" 한 학생의 질문에 그녀는 다음과 같이 답했다. "저도 가면증후군에 시달리곤 해요. 사람들이 제 말을 진지하게 받아들여서는 안 된다고 생각하죠. 제가 이런 이야기를 하는 이유는 우리들 누구나 자신의 능력과 기량에 대해 의구심을 품고 살기 때문이에요."

임포스터들은 완벽한 모습만을 보여주고 싶어 하지만 그것은 인간에게 사실상 불가능한 과업이다. 타인에게 자신의 실패를 들킨 임포스터는 스스로에게 크게 실망하게 되고, 자신에 대한 실망은 내면에 우울감이나 분노를 불러일으킨다. 그뿐인가. 스스로를 부끄럽게 여기는 마음 때문에 사람들로부터 자꾸 숨으려 하다 보니 대인관계에서도 어려움을 겪게 된다. 이러한 증상이 심해지면 결국 주어진 과업을 포기하는 지경에 이르기도 한다.

겉으로 보기에 임포스터들은 친구를 자주 만나지 않거나 어떤 일을 할 때도 그룹보다 혼자서 하는 걸 편하게 여겨 그냥 내성적인 사람들로만 보일지 모른다. 그런데 학부생이나 대학원생을 가르치다 보면, 이런 성향의 학생들이 지도교수에게 한마디 상의도 하지 않고 조용히 학교에서 사라지는 걸 보게 된다. 그들의 이런 마무리는 아쉽게 느껴지지만, 나는 그 학생들의 심정을 충분히 이해한다. 사람들은 임포스터 성향의 학생들이 저조한 성적 때문에 학교를 그만둘 거라고 여기지만 사실은 근면성실하게 노력하고 성적도 뛰어난 학생들인 경우가 많다.

한편 성공의 두려움 때문에 공부를 미룰 수 있을 때까지 미루다 아예 공부에서 손을 놓아버리는 학생들도 있다. 임포스터 성향을 가진 학생들은 재학시절 내내 좋은 성적에 가려져 있는 자신의 초라한 실체가 언젠가 들통나지 않을까 늘 불안에 떨며 지낸다. 그리고 사람들에게 불완전한 모습을 보여주느니 차라리 자취를 감춰버리는 편이 낫다고 판단하는 듯하다.

사람은 살면서 실패를 경험하기 마련이다. 실패가 발생했을 때, 보통의 사람들은 실수와 결점을 순순히 인정하고 그것을 성장의 발판으로 삼는 반면, 임포스터들은 실수를 무자격과 무능의 증거로 여기는 경향이 있다. 때문에 자신의 실패를 들키게 되었을 때, 그 상황에서 벗어나기 위해 더 처절하게 발버둥치고 더 두터운 가면을 쓰려고 한다. 하지만 임포스터는 자신의 실체 위로 가면을 덮어쓰기 때문에 타인에게 그 속사정이 보이지 않는다. 때문에 임포스터이즘에서 벗어나고자 할 때 타인의 도움을 받기도 어렵다.

나 역시도 임포스터로 살아오면서 늘 불안에 시달렸다. 나 스스로 임포스터임을 인정하고 이런 성향에서 벗어나기 위해 지금까지도 부단히 애쓰고 있지만 가면을 완전히 벗어버리지는 못했다. 하지만 임포스터이즘으로부터 조금씩 거리를 두면서 지금은 온전한 행복에 한 걸음씩 다가가는 중이다. 지금부터는 내가 가면을 쓰게 된 계기와 이를 극복해온 과정에 대해 이야기해보려고 한다.

가장 쓰기 쉬운 가면,
시험점수

나는 미국에서 태어나고 성장해왔다. 초등학교 입학 전까지 가정에서는 내내 한국어를 사용했기 때문에 입학 당시 나는 미국 원어민처럼 영어를 말하지 못했다. 영어가 능숙하지 못했던 탓에 학교에서 입을 꼭 다문 채로 지냈고, 내 자신이 늘 부족하다고 여겼기 때문에 지나치다 싶을 정도로 열심히 공부했다. 가령 선생님이 A로 시작하는 단어 다섯 개를 찾아오라고 숙제를 내주면 열 개를 적어냈고, 책을 한 권 읽어오라고 하면 두 권을 읽어갔다. 영어뿐만 아니라 모든 과목에서 지나칠 정도로 애를 썼다.

뭐든 근면하게 열심히 하다 보니 성취가 생겨나기 시작했다. 과제 점수가 향상된 것은 물론 배운 내용에 대한 이해도 빨라졌다. 그러나 좋은 성적을 받을 때마다 나는 그저 운이 좋았을 뿐이라고 자조했다. '과도한 노력'과 '운' 덕분에 성공할 수 있었다는 생각, 아마도 이때부터 내 안에서 임포스터이즘이 싹트기 시작했던 것 같다.

내가 느끼는 심리적 고통이 타인에게는 보일 리 없었다. '내가 생각하는 나'와 '타인이 생각하는 나' 사이에 점점 격차가 생겨나기 시작할 무렵, 나는 스스로 가면을 쓴다는 사실을 알아차렸다. 특히 시험을 볼 때면, 나의 실제 능력과 시험점수가 불일치하더라도 겉으로 드러나는 것은 시험점수이기 때문에, 요행만 잘 따라준다면 내 능력을 그럭저럭 감출 수 있겠다고 생각했다. 100점이란 점수는 노력을 많이 안 했을 때라도 운이 좋으면 딸 수 있는 그런 점수라고 여겼다.

한 가지 상황을 그려보자. 시험이 끝나고 나면 학생들은 삼삼오오 모여 서로 정답을 맞춰본다.

학생 1: 마지막 문제가 조금 헷갈려서 고민하다가 B를 찍었어. 너는?

학생 2: 그 문제 진짜 어렵더라. 나도 긴가민가해서 그냥 B를 찍었는데 정말 다행이다!

확실히 알고 있어서가 아니라 잘 찍어서 100점을 맞더라도, 부모와 선생님은 아이의 점수만 보고 아이의 실력을 칭찬할 게 뻔하

다. 순전히 운으로 따낸 성공의 예는 얼마든지 찾아볼 수 있다. 시
간이 촉박해서 일부 내용만 훑어봤는데 하필 거기에서만 시험문
제가 출제되었다거나, 어려운 문제의 정답을 우연히 맞히는 경우
가 그러하다. 하지만 높은 시험점수는 잠시 행복을 가져다줄 수는
있어도 임포스터이즘에는 전혀 도움이 되지 않는다. 그런 행운은
우리로 하여금 더 두터운 가면을 쓰게 만든다.

◆ 타고났다는 칭찬은
　도움이 되지 않는다

하버드대학 출신의 페이스북 최고운영책임자이자, 2012년 〈타임〉
지가 선정한 '세계에서 가장 영향력 있는 100인' 중 한 사람인 셰릴
샌드버그Sheryl Sandberg는 다음과 같이 고백한 적이 있다.

　"시험을 볼 때마다 제가 형편없는 성적을 받을 거라고 확신했어
요. 하지만 매번 성적은 잘 나왔고 그럴 때마다 사람들이 이번에도
또 속아 넘어갔다고 생각했죠. 언젠가 사람들이 내가 사기꾼이란
걸 눈치챌 것 같았어요. 아침에 눈을 뜨면 불쑥불쑥 제 자신이 가
면을 쓴 것처럼 느껴져요. 지금 이 자리가 과연 내가 있어도 되는
자리일까 확신이 없죠."

　대단한 성공을 거둔 셰릴 샌드버그조차 학생 시절부터 임포스
터이즘을 경험해왔던 것으로 보인다. 그녀는 자신의 능력에 비해
매번 출중한 시험점수를 받았기 때문에 자신이 사람들을 속이고

있다고 믿었다. 그리고 성공한 사회인이 된 후에도 자신이 지금껏 쌓아왔던 모든 업적이 허구에 불과한 건 아닌지 늘 의심해왔다.

샌드버그가 그랬던 것처럼 임포스터는 결코 자신을 좋게 평가하는 법이 없다. 애초부터 자기 실력으로는 좋은 점수를 딸 수 없다고 믿기 때문에 좋은 결과를 받아들고도 운이 잘 따라줬을 뿐이라고 여긴다. 그리고 자신의 진짜 실력보다 점수가 더 잘 나왔다고 느낄 때 임포스터들은 가면을 쓰게 된다.

교육 분야에 종사하는 사람으로서 나는 임포스터 학생들의 진짜 실력을 측정할 수 있는 시험방식이 무엇일까에 대해 오래 고민해왔다.

먼저 '요행'이 점수에 영향을 미칠 수 있는 객관식 시험은 여러 가지 면에서 문제가 있어 보인다. 운이 좋으면 실제 공부한 것보다 점수를 더 잘 받을 수 있기 때문이다. 시험결과에 운이 작용할 수 있는 이런 시험방식은 학생들에게 '학습내용을 일일이 이해하면서 공부할 필요는 없다'는 메시지를 은연중에 심어준다.

내용을 제대로 이해하지 않은 상태에서 정답만 외우는 학생들은 족집게 강사가 찍어준 내용이나 족보 중심의 공부를 효율적인 학습전략이라고 착각할 수 있다. 하지만 이러한 시험이야말로 학생들의 임포스터이즘을 강화할 수 있다.

우연히 운이 따라주어 높은 점수를 받은 학생은 그 점수가 자신의 진짜 실력이 아니란 사실을 누구보다도 잘 안다. 하지만 높은 점수를 받은 학생은 사람들로부터 "정말 열심히 공부했구나" "공부 머리를 타고난 모양이네" 같은 칭찬을 듣게 된다. 학부모들도 아이들의 시험점수만 보고 '이 아이는 머리가 좋네!' '100점을 맞다니 혹시 천재가 아닐까?'라고 판단하곤 한다.

주변 사람들의 감탄과 칭찬에 들뜬 부모는 자녀를 자랑스럽게 여길지 모르지만 아이는 이러한 상황이 부담스러울 뿐이다. '어쩌다 운이 좋아서 점수가 잘 나온 것뿐인데……. 나는 천재가 아니란 말이야.' 아이는 스스로를 사람들을 속이는 사기꾼으로 느끼며, '괜찮은 척하는' 가면 아래서 불안감에 떨고 있을 수 있다.

어른들이 가시적인 성과만으로 아이의 실력을 평가하다 보니 아이들도 덩달아 시험점수에 집착하게 된다. 어른들은 아이의 시험점수가 잘 나오지 않으면 아이가 공부를 잘 못한다고 여긴다. 사실 아이 성적이 떨어지면 내 입에서도 "공부 안 했어?"라는 말이 무의식적으로 튀어나온다.

하지만 부모는 아이가 어느 정도나 공부했는지 정확히 알 수가 없다. 게다가 시험이란 형식은 학생이 사고하고 배워나가는 과정 전반을 반영하지 못하므로 학생의 노력을 정확히 평가하는 잣대가 될 수 없다. 그러므로 시험점수를 근거로 자녀의 능력을 판단하는 일은 대단히 위험하다.

사실 성적보다 더 중요한 것은 학생이 얼마나 배웠는가, 그리고 공부한 내용을 어떻게 숙지했는가이다. 자녀의 임포스터이즘을 예방하고 싶다면, 학습의 양과 질, 그리고 학습과정 전반에 관심을 두어야 한다. 시험이 끝났더라도 복기 과정을 통해 자신이 시험에서 놓친 부분을 재확인하게 한다든가, 시험점수가 아닌 시험내용에 관해 함께 대화를 나눠보는 것이 좋다.

아이들을 가르치는 선생님이라면 객관식 평가는 피하라고 권하고 싶다. 평가방식을 바꾼다면 학생들은 시험을 볼 때도 운보다 자신의 학습능력을 더 신뢰하게 될 것이다. 뿐만 아니라 자신의 실력을 키우기 위해 더 깊이 있게 공부할 것이다. 그렇다면 학생의 실력을 온전히 반영할 수 있는 시험의 형태는 무엇일까? 안타깝게도 시험으로는 한계가 있다. 시험만으로는 학생이 얼마나 노력했는지, 어떻게 공부했는지, 어떤 생각을 가지고 있는지 제대로 측정하기가 어렵다.

따라서 어떤 유형으로 시험이 출제되든 눈에 보이는 점수로만 아이의 학습수준을 판단해서는 곤란하다. 시험점수는 어느 정도는 가면이라는 것, 그리고 점수로만 실력을 평가하면 자녀의 실제 모습을 파악하기 어렵다는 사실을 꼭 기억해주었으면 한다.

완벽한 결과 뒤에
숨겨진 것들

미국 문단의 큰 별이었던 시인이자 소설가 마야 안젤루^{Maya Angelou}는 생전에 이런 소감을 남겼다. "나는 지금까지 열한 권의 책을 썼다. 그때마다 나는 이렇게 생각했다. '아하, 이제야말로 세상이 다 알게 되겠구나. 이제껏 내가 모두를 상대로 농간을 부렸다는 사실을.'"

마야 안젤루의 저 고백을 떠올릴 때마다 나는 도대체 얼마나 더 성공을 거두고 얼마나 더 완벽해져야 저런 불안감에서 해방될 수 있는 걸까 궁금해진다. 임포스터들은 빛나는 성공을 거둔 뒤에도 더 완벽한 자신이 되기를 갈구한다.

앞서 언급했듯 자신이 '과도한 노력'이나 '운' 때문에 성공했다고 믿는 사람은 스스로를 늘 부족한 존재라고 느낀다. 자신의 능력으로 성공했다는 확신이 없으면 높은 목표에 도달하고도 늘 불만족에 시달릴 수밖에 없다. 그리고 더 철저해지려는 욕심 때문에 완벽주의자가 되기도 한다.

임포스터들은 어떤 면에서 완벽주의자이기도 하다. 많은 사람들은 완벽주의를 신중함이나 성실함, 노력과 결부지어 생각하지만 임포스터들이 추구하는 완벽주의는 양상이 조금 다르다. 심리학에서 말하는 완벽주의자들은 과제 수행의 결과를 기반으로 자기가치를 결정하는 반면, 임포스터들의 완벽주의는 타인의 평가에 더 초점이 맞춰져 있다.

타인의 평가를 가장 중요하게 생각하는 임포스터들은 불완전한 자신의 모습이 발각될지도 모른다는 생각에 자신의 실수는 물론 평균 수준의 수행에 대해서도 부끄러워한다. 완벽해져야 한다는 강박은 자기가 본래 부족한 사람이라는 자기개념에서 생겨나는데, 임포스터들은 불완전한 모습이 드러나는 순간이야말로 '자신의 실체가 들통나는 순간'이라고 믿는다.

임포스터는 '완벽해 보이는 가면'을 쓰기 때문에 남들 눈에는 완벽한 존재로 보인다. 안젤루는 새 책을 집필할 때마다 가면이 벗겨지고 자신의 실체가 만천하에 드러날까 봐 두려웠다지만, 우리 눈에 그녀는 그저 완벽한 사람일 뿐이다. 완벽한 이미지 뒤에 숨겨진 진짜 안젤루와 만나려면 안젤루가 거쳐왔던 시행착오의 과정을 속속들이 볼 수 있어야 하는데, 그런 일은 애초에 가능하지가 않다.

'완벽해 보이는 가면'은 마치 시험점수 같은 것이어서 지금까지 그 사람이 경험해왔던 실패와 실수, 역경의 과정을 감쪽같이 숨겨준다. 우리 눈에 보이는 것은 과정이 아닌 성공이라는 결과뿐이기 때문에 겉으로 드러나는 가면만 보고 남을 판단하게 된다.

◆ **시행착오를**
　 기억해야 한다

한국의 피겨스케이팅 선수 김연아는 2007년과 2008년 월드챔피언십 대회에서 동메달을, 2009년 그랑프리 대회에서 은메달을 거머쥐었다. 사람들은 김연아가 2010년 올림픽에서 금메달 따는 것을 당연하고 손쉬운 일인 것처럼 얘기하곤 했다.

하지만 정상으로 가는 길목에는 아사다 마오 선수가 버티고 서 있었다. 어릴 적부터 김연아 선수의 적수이자 경쟁자였던 마오 선수는 이미 몇몇 대회에서 훨씬 더 좋은 성적으로 김연아 선수를 앞지르고 있었다. 김연아 선수가 동메달을 딸 때 아사다 마오는 은메달과 금메달을 목에 걸었고, 김연아가 은메달을 딸 때 아사다 마오는 우승의 영광을 차지했다. 김연아 선수에게도 완벽함과는 거리가 먼 역경과 고난의 시간들이 있었던 것이다.

이 과정에서 실수와 실패가 수도 없이 반복되었을 것이나, 그 과정을 속속들이 알 수 없는 우리에게 김연아 선수는 그저 완벽한 스포츠선수일 뿐이다. 2010년 밴쿠버 올림픽에서 김연아 선수는 마침내 금메달을 목에 걸었다. 그녀는 세계 최고 기록보다 무려 18점이나 높은 신기록을 세우는 기염을 토했다.

내가 김연아 선수를 언급하는 이유는 성공한 사람들이 겉으로는 완벽해 보여도 완벽해 보이는 모습이 전부가 아니라는 얘기를 하고 싶어서다. 사람들은 수행의 결과만을 눈여겨볼 뿐 그 결과가 나오기까지의 고되고 힘든 시간은 소홀히 보아 넘기는 경향이 있다. 우리 눈에는 김연아 선수가 그저 완벽하고 행복한 인생을 사는 것처럼 보일 뿐이다.

김연아 선수가 빛나는 별의 자리에 오르기까지 겪었을 수많은 실패와 좌절에 대해 생각해본 적이 있는가. 선수들이 목표에 도달하는 순간에 뜨거운 눈물을 흘리는 이유는, 목표를 향한 과정 속에 자신만 아는 엄청난 노력이 담겨져 있기 때문이다. 남들은 그 지난하고 고통스러운 과정을 상상조차 할 수 없을 것이다. 우리 눈에 보이는 것은 김연아 선수가 메달을 거머쥐는, 완벽해 보이는 그 한 순간뿐이기 때문이다.

어느 인터뷰에서 밝힌 바에 따르면, 그녀는 시니어 데뷔 2년차까지 기업 후원의 혜택을 거의 받지 못한 채로 고달픈 훈련 시절을 보냈다고 한다. 어렵고 불완전했던 자신의 과거에 대해 솔직하게 이야기하는 김연아 선수가 나는 왠지 대단해 보였다. 힘들었던 과정을 있는 그대로 받아들이고 남들에게도 숨기지 않았던 김연아 선수야말로 자기 목표에 도달했을 때 진실로 행복을 느낄 수 있었을 것이다.

　넘어지고 실패했던 시간에 떳떳하고 당당한 김연아 선수와 달리, 임포스터는 남들에게 완벽한 결과만을 보여주려고 하고, 서툴고 실수 가득한 민낯은 잘 드러내려 하지 않는다.

모두의 성장에 필요한
'생각의 길'

김연아 선수처럼 독보적 위치에 오른 인사들만이 사람들로부터 인정받을 자격을 누리는 것은 아니다. 평범한 사람들이 성취하는 매일매일의 작은 목표도 얼마든지 성공이라 부를 수 있다. 수업시간에 선생님의 강의를 잘 이해했거나 숙제를 제시간에 완수했다면 그것도 성공이다. 시험을 잘 쳤거나 고민 끝에 어려운 문제의 해답을 찾아냈다면 당신은 성공한 것이다. 빙판에서 넘어지지 않고 스케이트를 타게 되었다면 그 또한 충분히 의미 있는 목표 달성이라 할 수 있다.

아무리 작고 사소할지라도 모든 성공은 우리를 기쁘게 한다. 성공에는 본래 수많은 실패가 전제되어 있음에도 불구하고 임포스터는 왜 자신의 실패를 숨기고 싶어 하는 것일까?

스케이트에 한창 재미가 들렸던 시절 나는 친구들에게 스케이트
장에 가자고 떼를 쓰곤 했다. 스케이트를 못 탄다는 이유로 내 제
안을 거절하는 친구들이 더러 있었는데, 도대체 얼마나 스케이트
를 못 타길래 시도도 하기 전에 저렇게 거절부터 하는 것일까 늘
의아했다. 나는 "우리가 김연아처럼 대회 나갈 것도 아니잖아. 그
냥 재미라고 생각하고 같이 가자"라며 친구들을 설득했다.

그렇게 마지못해 스케이트장에 끌려 왔던 친구들은 예상보다
훨씬 더 스케이트를 잘 탔고, 시간이 흐를수록 실력이 향상되었다.
초반에는 실력이 부족해 빙판에 넘어지기 일쑤였지만 서로가 완
벽하지 않아서 창피함도 덜했다. 부족한 실력에 대한 부끄러움이
사라지고 나니 스케이트를 즐기는 것이 가능해졌다.

안전이 걱정돼서 혹은 마음이 내키지 않아서 스케이트 타기를
거부할 수는 있다. 하지만 스케이트를 타고 싶어 하면서도 스케이
트를 완벽하게 타지 못할까 봐 지레 포기해버리는 것은 안타까운
일이다. 이런 식의 포기가 거듭되면 이후에 스케이트를 탈 기회가
생겼을 때 용기를 내기가 더 어려워진다.

서툰 자기 모습을 들킬지 모른다는 두려움에 짓눌려 어려워 보
이는 도전에는 아예 관심조차 주지 않게 되는 것이다. 이것이 임포
스터들에게 잘 나타나는 완벽주의적 행동 특성이다.

학교 수업시간에도 마찬가지다. 선생님이 어려운 문제를 내고 앞에 나와서 풀라고 하면 정답을 아는 학생들만 손을 든다. 해법을 완벽하게 알지 못한다고 느끼는 학생들은 뒤에서 쭈뼛거리기만 한다. 문제의 해답을 찾아가려면 '생각의 길Learning Path'에서 머무는 시간이 필요한데 이 과정에서 사람은 누구나 시행착오를 경험하게 된다. 하지만 '완벽해 보이는 가면'을 쓴 학생들은 '생각의 길'을 숨기려고 한다.

아이러니하게도 '고민하고 궁리해보는 것'을 죄짓는 일처럼 느끼는 학생들이 적지 않다. 문제를 풀 때 정답을 곧바로 말하지 못하면 자신을 바보라고 생각하거나, 시간을 가지고 고민하는 자신을 부끄럽게 여긴다.

이 아이들은 '생각의 길'에 머물러 있는 동안 누군가가 옆에서 "너 답 몰라?"라고 다그치면 자신의 무능이 들통났다고 여긴다. 그저 생각을 하고 있었을 뿐인데, 잘못이라도 저지른 사람처럼 전전긍긍하면서 '생각의 길' 위에서 갑자기 얼어붙어버린다. 망했다고 믿고 더는 앞으로 나아가지 못한다.

나는 어려서부터 아이들이 '생각의 길'을 걸어가는 법을 배워야 한다고 믿는다. '생각의 길'을 걸어갈 때 누군가가 계속 재촉하거나 막아서게 되면 아이들은 자연스레 가면을 쓰게 된다. '생각의 길'에 잠시 머물러 있는 것이 결코 잘못이 아닌데도 그런 자신을 실패자라고 여기거나, '완벽한 답을 모르는 사람은 실패자'라는 믿음을 가지게 된다. 반대로 '생각의 길'을 마음껏 걸어가게 해주면 아이는 자기 생각을 신뢰하게 되고, '완벽해 보이는 가면'으로 자신을 감출 필요가 없다고 느낀다.

목표에 도달하는 방식은 저마다 다르다

학습을 하는 상황에서 학습목표에 도달해가는 과정을 시각화한 것이 바로 '학습곡선^{Learning Curve}'이다. 학습곡선은 어떤 내용을 학습하느냐에 따라 그 형태가 달라질 수 있다. 처음부터 가파르게 상승하는 곡선이 있는 반면, 초반에 완만한 상승을 보이다가 뒤늦게 치솟는 곡선도 있다. 다음의 두 학습곡선은 매우 단순해 보이지만 실제 학습과정은 훨씬 더 복잡한 양상으로 전개된다.

이제 막 말을 배우기 시작한 아이들은 부모의 말하기를 흉내내면서 언어를 습득해나간다. 가령 아이는 공을 던지고 나서 "I threw the ball!"이라고 표현한다. 아마도 당신은 이 순간에 아이의 학습곡선이 가파르게 상승할 것이라고 예상할지도 모른다. 하지만 과연 그럴까? 몇 달 뒤 비슷한 상황에서 아이는 "I threw the ball!"이

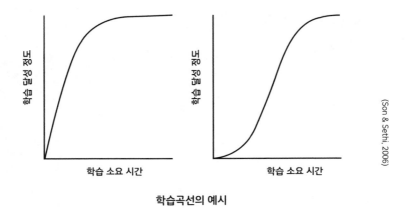

(Son & Sethi, 2006)

학습곡선의 예시

라고 표현하는 대신 "I threw the ball!"이라고 한다. 실수가 발생한 것이다. 단어 채택에서 오류가 발생했으므로 아마도 당신은 아이의 학습이 후퇴하고 치솟았던 곡선은 다시 떨어질 거라고 예상할 것이다. 하지만 다른 기준에서 학습능력을 평가할 경우 아이의 영어 실력은 많이 성장했다고 볼 수 있다. '-ed'를 붙이면 과거시제가 된다는 문장 생성 규칙을 배웠기 때문이다.

학습은 매우 복잡한 과정을 통해 이뤄진다. 무엇을 배우든 쉽게 배울 수 있는 과정은 없다. 게다가 학습 안에는 여러 배움의 영역들이 다양하게 분포되어 있어 학습곡선은 등락을 거듭하게 된다. 앞의 두 학습곡선 가운데 초반부터 급속한 상승이 일어나는 학습을 사람들은 보통 더 좋은 학습이라고 여긴다.

사람들은 신속한 학습을 더 좋은 학습이라고 여기지만, 메타인지 연구에서는 느리고 어렵고 실수가 수반되는 학습을 더 좋은 학습으로 보고 있다. 학생들이 학습과정을 싫어하는 이유 가운데 하나가 바로 **빠른** 학습에 대한 신화 때문이다. 공부를 잘 따라가는 아이 옆에서 성급한 어른이 "넌 너무 느려. 빨리 좀 고쳐"라며 다그칠 경우 아이는 자신이 뭔가 실수하고 있다고 느낀다. 학습과정에서 실수가 포기하라는 신호가 되면 아이는 과제를 접거나 실수를 숨기기 위해 잘하는 척 가면을 쓸 가능성이 높다.

문제는 목표를 세우는 시점부터 자신이 완벽하기를 바라는 데 있다. 그래서 중도에 실패가 발생하면 '더는 못하겠다'는 생각에 사로잡히고 금세 주저앉게 된다. 다이어트가 좋은 예다. 감량 목표를 세우고 며칠 동안은 계획대로 다이어트 식단을 잘 유지한다. 그러나 곧 충동을 이기지 못하고 고칼로리 음식에 손을 댄다. "에라 모르겠다! 어차피 버린 몸인데" 하면서 이성을 잃고 그동안 참아왔던 음식을 먹어치우는 것이다.

이처럼 한순간의 실수로 그간의 절제 결심이 둑 터지듯 한꺼번에 무너져내리는 현상을 심리학에서는 '에라 모르겠다 효과What-the-hell effect'라고 한다. 다이어트에 도전했던 사람이라면 이런 경험이 한 번씩은 다 있을 것이다. 하지만 실수할 때마다 목표를 포기해버린다면 다이어트는 평생 요원한 일이 되고 만다.

계획에서 조금만 어긋나면 다 포기해버렸던 다이어트 경험이 내게도 있다. 다이어트에 실패했다는 후회와 자학의 감정은 음식에 대한 더 큰 탐닉으로 이어지곤 했다. 그런 실패를 여러 차례 반복하고 나서야, 목표는 완벽할 수 있어도 목표까지 가는 과정은 결코 완벽할 수 없다는 사실을 깨닫게 되었다.

성공으로 가는 여정에서 실수와 실패는 필연적이다. 우리에게 필요한 것은 실패를 허용하지 않는 완벽함이 아니라 실패를 넘어서는 연습이다. 처음부터 완벽하기를 바라는 사람은 도중에 실수가 끼어들었을 때 맥없이 무너져버린다. 실패는 포기하라는 신호가 아니라, 먼 길을 갈 때 발에 흔하게 채이는 돌멩이 같은 것이다.

◆ **실수에 관한**
   선입견을 바꿔야 한다

임포스터들은 자신의 실패를 누군가에게 들켜 창피를 당하느니 아예 시작하지 않는 게 낫다고 생각하는 경향이 있다. 모든 실수를 '자신의 별 볼 일 없는 정체를 발각당하는 계기'로 연결짓기 때문이다. 임포스터들의 실수에 대한 두려움은 때로 도전에 대한 포기, 기회의 상실로 이어지기도 한다.

임포스터이즘을 극복하기 위해서는 실패에 대한 고정관념을 바꿀 필요가 있다. 실패로 인해 자신감이 떨어질 때는 '실패했으니 포기할래'가 아니라 '길을 가다 보면 돌부리에 걸려 넘어지기도 하는 거야. 결국엔 이 어려움도 다 지나갈 텐데 뭘' 하고 생각을 돌이키는 것이 좋다.

《나니아 연대기》에는 실수와 관련하여 다음과 같은 대화가 등장한다.

(말하는) 말: 말을 탈 수 없으면 떨어지겠지?
말을 안 타본 샤스타: 누구든 떨어지겠죠.
(말하는) 말: 내 말은, 떨어져도 울지 않고 다시 일어나서 타고, 또 떨어져도 떨어질 걸 두려워하지 않을 수 있느냐는 말이야.
말은 안 타본 샤스타: 그렇게 한번 해볼게요.

샤스타와 말의 대화에서처럼 실수(떨어진다)라는 말 안에는 이미 극복의 의미가 담겨 있다고 볼 수 있다. 떨어진다는 행위 자체가 다시 일어서는 것을 전제로 하는 것 아닌가.

실수에 대한 두려움을 떨치려면 무조건 실패를 피하려고만 할 게 아니라, 커다란 실수에 대비해 작은 실수들을 미리 경험해보는 것이 좋다. 가령 다이어트를 시작할 때는 다이어트 식단을 완벽하게 지키겠다고 결심하는 대신 '작은 실패'를 계획에 포함시켜라.

하루에 디저트 하나는 꼭 챙겨 먹는다거나, 세 끼 중 한 끼만큼은 먹고 싶었던 음식을 먹는 것이다. 학업 상황에서라면, 중요한 시험을 치르기 전에 모의고사를 풀어봄으로써 실전에서 예상되는 실수들을 미리 예상하고 준비할 수 있다. 내 학습역량을 평가할 수 있는 다양한 테스트들에 미리 자신을 노출시켜놓으면 시작도 하기 전에 포기하고 싶어지는 마음을 막을 수 있다. 작은 실수들에 익숙해지면 후에 큰 실수를 저질러도 그 여파를 웬만큼 감당할 수 있게 된다.

'철든 사람이 성숙하다'라는 고정관념

임포스터들은 불안해도 가면을 꼭 써야 한다. 가면을 써야 '철들고 성숙하다'는 인상을 주기 때문이다. 다 큰 아이가 어린애처럼 눈물을 쏟거나 징징대면 사람들은 그 애를 철 안 든 미숙한 아이로 여긴다. 대개는 바람직하지 못한 모습이나 부정적인 생각을 밖으로 드러내지 않는 것을 '철든 행동'이라고 여긴다. 때문에 누구나 얼마간은 임포스터로 살지 않을 수 없고 일찍부터 가면 쓰는 법을 배우지 않을 수 없다.

'가장 슬픈 사람들이 가장 밝게 웃는다'는 속담은 얼굴표정 자체가 가면이 될 수 있음을 보여주는 말이다. 사실 마음속에 존재하는 감정들이 얼굴표정에 다 반영될 수 있는 것은 아니다. 1970년대 감정과 표정 연구의 대가인 미국 심리학자 폴 에크먼Paul Ekman은 인간이면 누구나 여섯 가지 기본감정(행복, 슬픔, 두려움, 혐오, 분노, 놀람)을 이해할 수 있다고 주장했다. 하지만 우리가 느끼는 감정들은 이 여섯 가지 감정보다 훨씬 더 복잡하고 정교하다.

2017년에 코웬Cowen과 켈트너Keltner는 폴 에크먼의 기본감정을 27개로 세분화했다. 이 분류에는 에크먼이 언급한 감정들 외에도 긴장, 평온함, 의기양양함, 혼란스러움 같은 훨씬 더 섬세하고 복잡미묘한 감정들이 포함되어 있다. 연구진은 이 감정들을 얼굴표정으로 파악하는 대신 참가자들에게 자기 감정을 나타내는 정확한 용어를 직접 선택하게 했다. 말로 해야 감정을 파악할 수 있다는 것은, 그만큼 사람의 속마음이 얼굴표정에 확연하게 드러나지 않는다는 의미이기도 하다.

남들에게 들켜서는 안 될 것 같은 감정을 느낄 때 우리는 가면을 쓰게 된다. 힘들고 슬퍼도 다른 사람 앞에서 울면 안 된다고 느껴 꾹 참는 것이다. 실수를 두려워하는 임포스터들은 힘들고 슬퍼하는 자기 모습이 일종의 실패로 비칠 수 있다고 느끼기 때문에 더 가면을 쓰게 된다.

◆ 어린 시절부터
　가면에 익숙해진 사람들

연구에 따르면 동양인들은 부정적 감정의 표출을 미성숙하거나 부적절한 태도라고 여기는 반면, 미국인들은 감정을 드러내지 않

는 것을 거짓스럽거나 신뢰하기 어려운 행동이라고 여기는 경향
이 있다.

한 실험에서 일본인 참가자들과 미국인 참가자들에게 잔인한
내용이 담긴 동영상을 보여줬다. 일본인 참가자들의 경우, 연구자
와 함께 동영상을 볼 때는 표정이 거의 드러나지 않다가, 동영상을
혼자 보게 됐을 때는 얼굴에 부정적인 감정들이 나타났다. 반면 미
국인 참가자들은 연구자와 함께 봤을 때나 혼자 봤을 때나 표정이
한결같았다. 그 밖의 실험결과들에서도 비슷한 양상이 관찰된 걸
보면, 동양사회에서 가면을 쓴다는 것이 얼마나 보편적이고 자연
스런 현상인지 알 수 있다.

우리 연구진도 동양인들의 가면 쓰기와 관련하여 비슷한 실험
을 진행한 적이 있다. 우리는 한국 대학생과 미국 대학생을 비교군
으로 놓고, 한국인들이 얼마나 자주 가면을 쓰는지, 또 타인의 얼
굴표정을 얼마나 신뢰하는지 관찰하고자 했다. 미국 대학생 참가
자와 한국 대학생 참가자들은 '가짜 참가자(컴퓨터 프로그램)들'과 죄
수의 딜레마 게임을 실시했다.

이 게임은 서로 대화하지 못하도록 두 죄수를 각각 다른 공간에
둔 뒤, 누가 죄를 지었는지 자백하도록 설계되었다. 죄수들에게 나
올 수 있는 대답은 '협력(침묵한다)' 아니면 '자백(동료를 배신한다)'으로
어떻게 답하느냐에 따라 보상 아니면 처벌이 주어졌다. 두 죄수 모
두 배신을 택할 경우 둘 다 2년의 감금형을 살게 되지만, 둘 다 침묵

할 경우에는 두 사람의 형량이 1년으로 줄어든다. 둘 중 한 명만 배신한 경우 배신자는 처벌을 면하나 배신당한 사람은 3년간 수감된다. 말하자면 이 게임에서는 동료를 믿을지 안 믿을지를 선택해야 하는 것이다.

이 실험의 참가자들 역시 침묵과 배신 중 하나를 선택할 수 있었다. 컴퓨터 프로그램인 가짜 참가자도 똑같은 조건에 놓여 있었지만 배신을 선택하는 비율이 더 높았다. 모든 참가자들은 선택이 이뤄진 후에 '표정 이모지emoji'를 통해 기뻐하거나 후회하는 표정을 내보일 수 있었다.

배신을 택한 후에 기뻐하는 표정을 내밀면 "내가 살아남았다"라는 뜻일 수 있고, 후회하는 표정을 내밀면 "미안해. 너를 배신하긴 했지만 후회하고 있어"라는 뜻일 수 있다. 이 실험에서는 배신했을 때 기쁜 표정을 내보이는 것이 더 솔직한 것이고, 후회하는 표정을 내보이는 것은 거짓스러운 일이었다. 배신 행동과 후회의 표정은 서로 불일치하는 표현이기 때문이다.

실험결과 한국인 참가자들이 미국인 참가자들에 비해 가면을 더 자주 쓰는 것으로 드러났다. 상대를 배신하는 상황에서 미국인 참가자들은 기뻐하는 표정을 솔직하게 드러낸 반면, 한국인 참가자들은 속마음과 다르게 후회하는 표정을 더 자주 내보였다.

재미있는 결과는 이뿐만이 아니었다. 자신을 배신한 상대가 후회하는 표정을 보였을 때, 미국인 참가자들은 그가 미안해한다고 여겨서 똑같이 배신하려 했던 마음을 접는가 하면, 상대가 기뻐하는 표정을 보였을 때는 더욱 거리낌없이 배신했다. 그러나 한국인 참가자들은 상대의 표정을 전혀 개의치 않았다. 속마음과 표정이 다를 거라고 생각해서 상대가 어떤 표정을 짓든 무시한 것이다.

한국 사람들은 가면 쓰는 것을 편하게 받아들이는 경향이 있다. 그리고 밖으로 드러나는 표정과 진짜 속내는 어차피 다를 거라고 여겨서 다른 사람의 표정에 크게 관심을 두지 않는 듯하다.

가면이 위험해지는
이유

우리는 다른 사람을 만족시키고 기쁘게 하기 위해 가면을 쓰기도 한다. 우리에게는 타인이 선망하는 존재로 살아가고 싶은 마음도 있고 다른 사람의 기대를 저버리고 싶지 않은 마음도 있다. 그래서 완벽한 나를 제시해 보여주면 사람들이 나를 좋아하고, 실패하는 모습을 보여주면 사람들이 나를 신뢰하지 않을 것처럼 느낀다.

미셸 오바마는 그녀의 베스트셀러 《비커밍Becoming》에서 다음과 같이 말했다. "어렸을 적에 나는 어른들에게 이다음에 크면 꼭 소아과 의사가 될 거라고 얘기하곤 했다. 어린아이들과 함께 있는 걸 좋아하기도 했지만, 어른들이 그런 대답을 좋아한다는 걸 잘 알고 있었기 때문이다." 미셸 오바마 역시도 다른 사람들을 기쁘게 하기 위해 멋진 사람이 되어야 한다고 믿었다.

◆ 실망시키면 안 된다는
   생각이 문제의 출발점

우리는 다른 사람들을 실망시켜서는 안 된다는 생각을 가지고 행동하곤 한다. 내 고통이나 슬픔을 친구와 나누면 친구가 부담을 느낄까 봐, 가능하면 다른 사람의 도움을 받지 않고 혼자서 어려움을 해결하려 한다. 부모님이 걱정할까 봐 자신의 실패를 숨기는 아이들도 있다. 혼자서는 도저히 감당할 수 없는 일을 당하고도 아이는 철든 모습을 하고 아무 일도 없다는 듯 행동한다. 엄마가 알면 너무 슬퍼할 테니 혼자 묵묵히 견뎌야 한다고 생각하는 것이다.

힘들어하는 자신을 숨기는 것이야말로 '가면 쓰기' 연습의 시작이다. 가면을 쓸 일이 점점 더 많아지는 세상에서, 부모 앞에서만큼은 가면을 쓰지 않아도 된다는 사실을 아이들이 알고 있는 것은 너무나 중요하다.

아이들 엄마인 나도 몸을 다치거나 병을 앓을 때는 아픈 내색을 잘 하지 않는 편인데, 고통을 억누르는 내 모습이 어쩌면 아이의 가면 쓰기를 부추기는지도 모르겠다. 부모들은 "우리 아이는 주사 맞을 때도 우는 법이 없어. 너무 기특하지 않아?"라며 잘 참는 아이의 모습을 칭찬하곤 한다. 하지만 그것이 정말로 칭찬받을 만한 일인지는 다시 생각해보아야 한다. 가면을 쓰는 아이는 온순하고 착해 보일 수 있지만, 그것은 착함이 아니라 일종의 자기 숨기기다.

가면을 꼭 실수, 실패, 고통 같은 부정적 단어와 연관지을 필요는 없다. 모자란 내 모습을 숨기는 것도 가면을 쓰는 중요한 이유지만, 가면 쓰기의 일차적 목적은 다른 사람들을 기쁘게 하는 내 모습을 보여주는 데 있다. 뻔히 다 아는 상황에서도 상대를 기분 좋게 해주기 위해 일부러 못난이 가면을 쓰기도 한다. 그렇다면 우리는 언제 그리고 왜 '모르는 척' '못하는 척'을 하게 되는 것일까?

아들아이가 태어나고 몇 주간 산후조리 도우미 할머니 한 분이 우리 집을 매일 방문했던 적이 있다. 하루는 할머니가 점심으로 김밥을 말아주셨다. 세린이는 김밥 마니아라 이미 몇 차례 김밥을 말아본 적이 있었다. 그런데도 할머니가 "세린아, 우리 같이 김밥 만들까? 할머니가 김밥 싸는 법 보여주런?" 하자 세린이는 마치 김밥을 처음 말아보는 아이처럼 "네, 보여주세요" 하는 게 아닌가. 그런 반응이 할머니를 기분 좋게 만든다는 걸 아이는 너무나 잘 알고 있었던 것이다.

못하는 척이든 완벽한 척이든 가면은 가면일 뿐이다. 원활한 사회생활을 위해 아이들은 타인의 기분을 어느 정도 살필 줄 알아야 하지만, 타인을 즐겁게 해주려고 자기를 완벽하게 가장하는 행동은 임포스터이즘을 키울 수 있다. 임포스터이즘의 목적은 타인을 기분 좋게 하기 위해 자신의 실수를 감추고, 잘못이 있어도 사람들 앞에서만큼은 완벽한 자신을 보여주는 데 있다.

◆ 가면 때문에
　진짜 감정을 숨기면 안 된다

아이 몸에 가벼운 생채기가 났다고 하자. 부모는 아이가 아파하는 것도 속상하지만 행여 흉터가 남지나 않을까 노심초사한다. 아픈 건 잠깐이면 지나가지만 흉터는 영영 숨길 수가 없기 때문이다. 나도 그렇다. 아이가 다치면 아이가 느낄 고통이나 감정보다, 아이의 상처가 타인에게 어떻게 보여질까가 더 신경쓰이곤 한다. 그래서 아이에게 얼마나 놀라고 아픈지 먼저 묻기보다 상처난 곳부터 살피기 급급하다.

　학습과정에서도 마찬가지다. 아이가 시험에서 '나동그라져 상처를 입었다면' 그 상황에서 부모가 할 수 있는 가장 중요한 대처는 무엇일까? 다른 사람들이 내 아이의 형편없는 점수를 알게 될까 봐 노심초사하는 것일까? 아니면 "어떤 문제를 틀렸지? 어디 한번 같이 풀어볼까?" 하면서 아이의 실수를 보완하는 데 관심을 기울이는 일일까? 혹시 '오래가는 흉터'처럼 타인의 눈에 제일 먼저 띌 시험점수를 감추느라 급급한 것은 아닐까?

　아이들은 부모를 통해 처음으로 감정을 표현하는 법을 배운다. 아이가 감정 표현을 배운다고 해서 혼자 했던 생각들을 다 꺼내놓는 것은 아니다. 메타인지는 내면에 숨겨져 있는 생각들이고, 그중에 무엇을 밖으로 펼치고 무엇을 안에 담을지는 온전히 아이가 선택할 문제다. 아이의 선택을 존중하는 것이 중요하긴 하지만 부모라면 아이가 임포스터이즘에 빠지지 않도록 잘 안내해줘야 한다. 우선 아이 스스로 울고 싶을 때는 울고, 화내고 싶을 때는 화를 내고, 짜증이 날 때는 짜증을 낼 수 있도록 허용하는 것이 좋다. 자신의 감정을 표현할 수 있을 때, 아이는 있는 그대로의 자기와 마주하고 만날 수 있다.

짜증내는 것이 철없는 행동이라는 암시를 받은 아이는 자신의 감정을 감추기 위해 가면을 쓰게 된다. 그저 시험을 한번 망쳤을 뿐인데 아이 스스로 공부에 소질이 없다고 좌절한다면 그건 더 위험한 상황이다. 선생님과 부모님, 친구들과 '이번 시험은 많이 어려웠어. 다음번엔 어떻게 공부하면 좋을까'를 함께 궁리하려 하기보다 시험에 대한 언급 자체를 피해버리기 때문이다. 이전의 시행착오로부터 배우는 바가 없다면 다음 시험에서 더 좋은 결과를 기대하기 어렵다.

내 딸 세린이도 망친 시험 때문에 기분이 상해서 시험에 대해 얘기하기를 아예 피할 때가 있다. 그럴 때 "세린아, 엄마는 시험점수에는 큰 관심 없어. 시험지 가져와봐. 엄마랑 틀린 문제 같이 풀어보자"라고 하면, 아이도 시험에 대한 자신의 생각과 느낌을 훨씬 더 풍부하게 표현할 수 있게 된다.

성공을 두려워하지 않게
만드는 칭찬법

사르트르의 저작을 처음으로 접했던 건 내가 고등학생 때였다. 책 내용이 어찌나 난해한지 선생님이 내준 독후감 숙제 앞에서 몇 주를 쩔쩔맸던 기억이 난다. 대체 무슨 소리인지 감조차 잡을 수 없었지만, 한 줄 한 줄 문장을 곱씹으며 간신히 숙제를 제출할 수 있었다. 내 에세이가 나쁘지는 않았는지 선생님께서 수업시간에 "리사가 우리 반 철학자구나!"라며 칭찬을 해주셨다.

하지만 칭찬을 들은 내 마음은 불편하기만 했다. 내가 정말로 철학을 잘 안다고 친구들이 오해할까 봐 걱정되었던 것이다. 나는 너무 당황한 나머지 "아니에요. 저 하나도 몰라요"라는 말조차 꺼낼 수가 없었다. 몇 주 후, 다른 철학자들에 관한 수업을 진행하던 선생님이 학생들에게 질문을 했다. 아무도 대답을 못 하자 한 학생이

"우리 반 철학자 리사에게 물어보시죠"라며 나를 지목했다. 그 말을 듣고 나는 몰려오는 부끄러움에 한마디도 할 수가 없었다.

나는 '우리 반 철학자'가 되고 싶었던 적이 없었지만 왠지 그런 사람인 것처럼 행동해야 할 것 같았다. 그 사건을 계기로 다시는 남의 인정을 받거나 성공하고 싶은 마음이 들지 않았고 성공에 대한 두려움은 점점 더 짙어졌다.

◆ 배움을 완결 짓는 칭찬이 아니라,
  유도하고 격려하는 칭찬

부모들은 아이 마음에 성공에 대한 두려움이 있으리라고는 상상도 하지 못한다. 아이가 뭔가를 잘했을 때, 마치 그 분야 전체를 마스터한 것처럼 아이를 과도하게 칭찬하면 아이는 은연중에 성공에 대한 두려움을 가질 수 있다. 가령 사르트르에 관한 에세이를 잘 써냈다는 이유로 "넌 철학자구나" "전문가 같은데?" 같이 과한 칭찬을 해주면, 아이는 더이상 배움이 필요 없는 단계에 도달했다고 착각하게 된다. 이런 착각에 빠진 아이는 자신이 모르는 문제를 만났을 때 이 분야를 다 알지 못하는 게 자연스러운 일임에도 자신이 모른다는 사실을 창피하게 여길 수 있다. 성공에 대한 두려움은 여기에서 출발한다. 지나친 칭찬이 아이에게 독이 된 경우다.

아이가 뭔가를 잘 배우고 익혔다면 "지금까지 참 잘 배웠구나. 앞으로는 어떤 부분을 더 배워보면 좋을까?"라고 격려하는 것이 좋다. 이제 더는 배울 게 없다는 식으로 아이를 칭찬하면, 아이는 앞으로는 노력 없이도 완벽해져야 한다고 여겨 더 불안해질 수 있다.

임포스터들 가운데는 의외로 실패보다는 성공에 대한 두려움을 가진 사람들이 많다. 가수 아이유의 말을 들어보자. "일이 잘되니까 잘되는 대로 더 불안한 거예요. 계속 거품이 만들어지고 있는 느낌이랄까요? 어느 순간 거품이 다 빠지고 그걸 밀도 있게 압축해서 보면 내가 요만큼밖에 안 될까 봐 그게 무섭더라고요. 원래 저라는 사람에 비해 너무 좋게 포장되어 있다고 해야 하나? 그런 거짓스러움 때문에 나중에 내가 얼마나 벌을 받게 될까, 하는 생각이 드는 거예요."

영국 배우 엠마 왓슨Emma Watson도 비슷한 고백을 한 적이 있다. "연기가 늘수록 내가 부족하다는 느낌이 점점 더 강해져요. 나는 사기꾼에 불과하고, 내가 이뤄왔던 것들 중 나는 어떤 것도 누릴 자격이 없음을 누군가는 반드시 알게 될 거예요."

남들만큼 해야 한다는 생각 버리기

한국에서 자주 듣게 되는 얘기 가운데 하나가 바로 "평범하게 사는 것이 좋다"는 말이다. 이처럼 평범한 삶을 강조하는 이유가 뭘까? 나는 이 말을 들을 때마다 성공의 부담을 떠올린다. 뭔가를 한번 잘하고 나면 이후에 사람들의 기대에 부응하지 못할까 봐 성공하고 싶은 마음이 있어도 미리 포기해버리는 건 아닐까. 성공의 부담이 싫어 평범한 삶을 택하면 리스크를 피하고 안전함을 얻을 수 있겠지만, 안전만 추구하는 삶은 자칫 지루하고 단조로워질 수 있다.

　내 눈에 한국 학생들은 성공의 부담을 유독 더 많이 느끼는 것 같다. 한국에서는 학업 경쟁이 치열해서인지, 한국 학생들은 자신이 공부를 잘하고 또 공부를 열심히 한다는 사실을 믿기 어려워한다. 시험을 잘 치르고도 자신이 공부를 잘해서가 아니라 운이 따라

줬다거나 컨디션이 좋았다는 식으로 말하는 경향이 있다. 그러나 운이나 컨디션은 안정적인 요인이 될 수 없어서 그것에 기대면 불안이 따라올 수밖에 없다.

성공의 부담을 느끼는 사람은 보통 두 가지 전략을 취하게 된다. 첫 번째 전략은 성공이 목표이므로 계속해서 성공의 길을 추구하는 것이다. 시험을 잘 보면 이후로도 좋은 성적을 유지해야 하므로 전보다 더 뼈빠지게 공부하거나 끝까지 운이 좋기를 기대한다. 이것이 우리가 알고 있는 전형적인 임포스터들의 모습이다. 계속해서 성취해내기 때문에 겉모습은 완벽하고 행복해 보이지만 내면에서는 남모르는 불안에 시달린다.

두 번째 전략은 성공의 부담을 이기지 못하고 자포자기하는 것이다. 대부분의 시간을 임포스터로 살아온 나에게도 포기와 관련된 일화가 하나 있다. 중학교 3학년이 되고 처음으로 치렀던 화학 시험에서 100점을 받았다. 이미 임포스터로 단련이 되어 있었던 나는 시험 준비에 전력을 쏟았다. 하지만 제대로 이해하고 푼 문제가 하나도 없다고 느꼈기 때문에 100점이란 점수를 받아들었을 때 내 눈을 의심할 수밖에 없었다. 하지만 선생님은 내 이름을 호명하며 "100점 받은 학생은 리사가 유일하구나"라고 말씀해주셨다. 그 순간 이상하게 불안이 엄습해왔다. 운에 기댄 성적이니 앞으로 다시는 같은 성적을 받을 수 없을 것 같아서였다.

그다음 수업시간이 되자 선생님은 내게 화학경연대회에 출전해

보라고 권유하셨다. 나로서는 상상도 못할 일이었지만 반 친구들은 여기저기서 "리사가 나가야 하는 거 아냐?"라며 웅성댔다. 사람들이 내게 거는 기대가 온몸으로 전해져왔다. 선생님도 내 대답을 기다리는 눈치였다. 사람들로부터 원치 않는 스포트라이트를 받게 되면 임포스터들은 가면 뒤의 숨겨진 민낯이 드러날까 봐 겁을 집어먹는다. 주목받는 걸 그토록 꺼리는 이유가 '이면의 못난나'를 들킬까 봐서다.

나는 선생님을 향해 머리를 절레절레 흔들었다. 그리고 또다시 기대와 주목을 받게 될 것이 두려워 두 번째 화학시험 때는 공부를 아예 하지 않았다. 성공 때문에 치러야 하는 심리적 대가가 부담스러워 포기를 선택한 것이다. 두 번째 시험에서 70점을 받은 것은 속상한 일이었지만, 그 덕분에 나는 사람들의 기대에 부응해야 한다는 압박감에서 벗어날 수 있었다.

◆ 아이의 부담감을 덜어주는 것부터

지금도 많은 아이들이 내가 느꼈던 것과 비슷한 부담감을 떠안고 사는 듯하다. 성공을 만들어낸 주체가 나란 사실을 믿지 못하면 자신감이 떨어지고 포기의 유혹에 더 많이 휘둘리게 된다. 아이가 잘하던 공부를 갑자기 안 하겠다고 거부하거나 성적이 급작스럽게 떨어질 때는 '애는 공부는 안 되겠구나'라고 생각하기보다 성공에 대한 부담감을 덜어주는 것이 좋다.

시험점수만 신경쓰는 부모는 아이에게 엄청난 부담감을 떠안긴다. 아이가 100점을 받아 오더라도 "시험은 어땠어? 헷갈렸던 문제도 있었어? 어떤 문제가 제일 어려웠니?"하고 재차 물어주는 것이 좋다. 또 시험 한번에 인생 전체가 달린 것처럼 심리적으로 무거워질 필요가 없다고 격려해주는 일도 중요하다.

성적을 잘 받아 온 아이에게는 "이제 됐다! 내 새끼 진짜 똑똑한걸!" 같은 말보다는 "잘했어! 그런데 앞으로는 어떤 걸 더 배우고 싶어?"라고 묻는 것이 아이의 성장에는 더 도움이 될 것이다. 이것은 메타인지 학습법과도 일맥상통한다. 지나간 시험점수에 목을 매기보다 추후의 학습방향에 대해 모니터링과 컨트롤을 할 수 있도록 안내할 때, 아이는 학습에 대한 부담감에서 자유로워질 수 있다.

마지막으로 '모두가 나에게 기대를 걸고 있다'는 생각을 아이 스스로 내려놓을 수 있게 도와줘야 한다. 생각보다 타인은 내게 관심이 없다는 사실을 증명한 재미있는 실험이 하나 있다. 보기 민망한 셔츠를 입고 있을 때 얼마나 많은 사람들이 이를 알아차리는지 알아보는 실험이었다. 보기 민망한 티셔츠를 입은 참가자를 사람들이 많은 방에 들여보내자, 예상과 달리 고작 20%의 사람들만이 티셔츠를 알아보았다. 내가 생각하는 것만큼 다른 사람들은 내게 관심을 두지 않았던 것이다.

부모는 자신의 부족한 부분을 모든 사람들이 예의주시하고 있을 거라는 아이의 인식이 정말로 현실적인 것인지 알려줄 필요가 있다. 또 사람들의 칭찬이 성공에 대한 부담을 지우기 위해서가 아니라, 격려하고 응원해주고 싶은 마음이란 것도 알려줘야 한다. 그리고 아이 스스로 "매번 성공할 수는 없지만 포기하지 않고 계속하다 보면 나아질 거야" "실패해도 괜찮아"라고 자신을 토닥일 수 있게 해줘야 한다.

자신에게 쏟아지는 스포트라이트가 그리 대단한 게 아님을 깨닫는다면, 임포스터들도 있는 그대로의 자신을 받아들이고 '완벽해 보이는 가면'을 벗어던질 수 있을 것이다. 엘레노어 루즈벨트 Eleanor Roosevelt의 말처럼 "다른 사람들이 당신에 대해 별로 신경쓰지 않는다는 사실을 알게 되면 그들이 당신을 어떻게 생각하는지에 대해서도 별로 신경쓰지 않게 될 것이다."

비교보다 중요한 건
내 능력을 다하는 것

노력은 비교의 대상이 아니다. 열심히 노력했다고 해서 꼭 성공하는 것도 아니고, 실패했다고 해서 열심히 하지 않은 것도 아니다. 노력과 성공, 노력과 행복은 인과관계에 놓여 있지 않다. 모두가 하나의 목표를 향해 비슷한 정도로 열심히 달렸음에도 성공에서 차이가 난다면 이는 운이 작용한 탓이다.

임포스터들은 이런 진실을 너무나 잘 간파하고 있는 사람들이다. 다른 사람과 자신의 실력 차가 크지 않다는 사실을 잘 알고 있기 때문에, 성공을 거둔다 해도 자신이 그 정도로 성공을 누릴 자격은 없다고 여긴다. 죄책감에 과도하게 짓눌리는 임포스터들은 성공에 기여한 자신의 요인은 철저히 무시하는 경향이 있다.

비교 같은 건 절대 해서는 안 된다고 말하는 사람들이 있다. 누군가와 비교를 당하면 열등감이 생겨날 수 있고, 열등감은 때로 '난 성공할 자격이 없다'는 패배적 사고로 이어질 수 있기 때문이다. 나도 한때는 비교를 반대하는 사람이었다. 그래서 사람들에게 "비교 같은 건 아예 하지도 말라"고 엄포를 놓기도 했다.

내 딸아이가 첫 피아노 리사이틀에 참가했을 때였다. 연주를 앞두고 너무 긴장한 나머지 딸아이는 다른 아이들과의 비교를 어떻게든 피하고 싶어 했다. 자기 차례를 기다리는 동안 다른 아이들과 비교되는 상황을 아이가 피할 수 있도록 나는 선생님에게 따로 부탁을 했다. 세린이가 첫 번째 주자로 연주할 수 있게 해달라고 말이다.

그렇게 함으로써 아이에게 도움이 됐던 점은 두 가지였다. 다른 사람과의 비교가 일어나지 않으니 자기가 다른 아이들에 비해 실력이 부족하다는 생각도 일어나지 않았다. 또 나이가 어린 순으로 연주를 하는 상황에서 사람들이 세린이를 어린아이로 봐주면 그만큼 사람들의 기대 수준도 떨어질 테니 연주를 더 잘해야 한다는 압박감에서도 놓여날 수 있었다.

그러나 지금은 당시의 내 판단을 후회한다. 그것은 세린이를 비교의식으로부터 보호하고자 하는 엄마의 마음이었는지 모른다.

하지만 사실 저변에는 세린이가 자기 또래의 아이들과 겨룰 자격이 없다는 생각이 깔려 있었다. 힘든 경쟁 상황 속에서도 그저 자기 수준에 맞게 연주하면 된다고 아이를 격려하기보다, 사람들로부터 아이가 기대 이상으로 잘한다는 칭찬과 박수갈채를 받는 것이 더 중요하다고 생각했던 것이다.

다른 사람들의 실력과 상관없이, 나 역시도 다른 사람들처럼 연주할 기회를 누릴 수 있고 또 박수받을 자격이 있다고 느끼는 것이야말로 아이에게 아주 값진 경험이 될 수 있다. '나는 못하는 아이 혹은 잘하는 아이'로 자신을 규정해버리는 것은 임포스터이즘을 악화시킬 뿐이다. 다시 그때로 돌아갈 수만 있다면 나는 연주 순서를 바꿔달라는 부탁 따위는 하지 않을 것이다. 그리고 딸아이에게 "다들 능력이 닿는 만큼 최선을 다해 연주하고 있으니 너도 자신감을 가지고 연주해"라고 얘기해줄 것이다.

완벽하지 않은 나를 드러내는 순간, 메타인지가 시작된다

'남들보다 뒤처지는 실력으로 어떻게 박수를 받겠어? 완벽해지려면 나는 아직 멀었는데?'라는 생각이야말로 임포스터들의 전형적 사고들 가운데 하나다. 불완전하게 느껴지는 자신의 모습이 탄로날까 봐 전전긍긍하다 보니 인정받는 일조차 두렵게 느껴진다. 임포스터들이 평가나 보상을 피하려고 하는 것도 이런 이유에서다.

직장인이 된 뒤에도 임포스터이즘은 기승을 부릴 수 있다. 직장에 들어가면 점점 더 많은 타인으로부터 점점 더 많은 평가를 받게 될 뿐만 아니라, 성공을 하게 되면 더 많은 사람들로부터 인정을 받게 되기 때문이다. 좋은 평가를 받으면 다음 실수에 대한 두려움 때문에 평가를 피하게 되고, 또 남들을 속이는 것처럼 보일까 봐 더 많은 부담감과 불안에 시달리게 된다. 하지만 자기 자신을 숨기면 숨길수록 더 좋은 기회나 보상을 놓치게 된다. 나도 교수로 지내면서 나의 임포스터이즘 때문에 좋은 기회를 놓치는 일이 많았다.

◆ 성공의 요인은 다양하다는 사실을 이해할 것

미국에서는 교수로 임용되고 6년이 지나면, 교수의 자율성과 정년을 보장해주는 종신재직권 평가가 이뤄진다. 종신재직권을 획득하면 조교수에서 부교수가 된다. 그리고 학과장을 3년 지낸 후에 정교수 자격 평가를 받을 수 있다. 2015년에 나에게도 정교수 평가를 받을 기회가 왔는데, 그로부터 1년에 한 번씩 정교수 평가를 받을지 말지 내 의향을 묻는 이메일이 날아들었다.

하지만 나는 운이 좋게 일찌감치 부교수라는 지위를 누리고 있는 데다 다른 교수들이 나보다 훨씬 더 똑똑하다고 느끼고 있었기 때문에 '내가 무슨 자격으로 더 욕심을 부리겠나?' 싶은 생각이 들었다. 그래서 매번 거절의 메일을 보냈다. 지금까지 내가 이룬 것들이 다 가짜였음이 평가를 통해 드러날까 봐 겁이 났다. 아마도 당시에 성공적으로 평가를 받았더라면 인정도 받고 월급도 올랐을 테지만, 이런 보상을 받으면 내 자신이 어쩐지 더 사기꾼처럼 느껴질 것 같았다.

선배 교수들은 "리사, 평가에 응해야 해! 너는 정교수가 될 자격이 충분해!"라며 내 등을 떠밀었다. 그러고도 나는 4년을 미루고 미루었다. 마침내는 정교수 평가에 응하게 되었고 도전에 응한 덕분에 나는 정교수가 될 수 있었다. 나는 이 경험을 통해 나의 가면을 어느 정도 벗을 수 있었고, 나 자신에 대한 불안도 많이 내려놓을 수 있었다.

빨리 평가를 받고 싶어 했던 교수가 있었는가 하면, 나와 마찬가지로 오랫동안 평가받기를 주저하는 교수들도 있었다. 아직까지도 많은 사람들이 임포스터이즘에 취약한 듯하다. 이들은 똑같이 높은 지위에 올라도 스스로를 더 자격 없다고 느끼며, 그 때문에 인정도 보상도 제대로 받지 못하는 이들이 많다. 성공에 대한 두려움 때문에 승진 기회를 더 많이 놓치고, 임금 인상의 이득도 충분히 누리지 못한다.

임포스터들은 자신의 실체가 드러날 염려가 없고 평가로부터 자유로운 곳을 선호하는 경향이 있다. 임포스터들은 열심히 노력하고도 스스로 성공할 자격이 없다고 믿기 때문에 가뿐하게 도달할 수 있는 목표 언저리에도 가닿지 못할 때가 있다. 그 자리에 자신보다 훨씬 더 괜찮은 적임자가 나타날 거라고 믿기도 한다. 만약 '나 같은 사람은 이런 명문대에 입학할 자격이 없어'라고 느끼는 학생이 있다면, 그 학생의 명문대 합격 가능성은 당연히 낮아질 것이다. 그렇다면 이런 임포스터들에게는 어떤 생각이 도움이 될까?

한 철학논문에 따르면 임포스터들의 인식은 꽤나 합리적이고 일리가 있다고 한다. 또한 사람은 누구나 자기만의 학습곡선을 가지며, 자신의 순수한 노력 외에도 그날의 컨디션, 주변 사람들의 도움, 운 같은 다양한 요인들이 학습과정에 두루 영향을 미치는데, 임포스터들은 이 요인들을 일일이 고려하다 보니 자연스럽게 자기 능력 요인을 소홀하게 평가하게 된다는 것이다. 이 논문은 순전히 자기 실력만으로 성공했다고 믿는 사람들이야말로 '진짜 임포스터(사기꾼)'라고 말한다. 모든 요인을 다 고려하는 것이 더 진실에 가깝다는 주장을 펼치고 있다.

'임포스터들이 가짜가 아니라 진짜'라는 주장을 접한 뒤로 나는 한결 마음이 편안해졌다. 나의 불안은 운 아니면 엄청난 노력만이 성공을 이끈다는 믿음에서 비롯된 것이었다. 그래서 '나 스스로를 인정하면 된다'는 생각만으로는 임포스터이즘을 극복하기가 어려웠다. 가면을 벗는 방법 가운데 하나는, 성공은 수많은 요인들이 작용하고 결합하여 만들어진다는 사실을 받아들이는 것이다. 아이의 목표가 이뤄졌다면 그것은 아이의 노력과 운, 주변 사람들의 도움이 있었기에 가능했던 것임을 인정하자. 하지만 아이가 스스로를 믿고 열심히 노력했기 때문에 성공이 가능했다는 사실 또한 받아들여야 한다.

이런 균형 잡힌 양쪽의 사고가 가능하다면, 아이가 '나 혼자서는 잘 못한다'고 느낄 때 부끄러워하지 않고 솔직하게 '도움이 필요하다'고 말할 수 있을 것이다.

"앞으로도 우리는
배우고 또 배워나갈 거야."

대학에서 오랫동안 학생들을 가르치면서 확실하게 알게 된 사실이 하나 있다. 공부를 잘한다고 해서 꼭 똑똑한 학생은 아니라는 점이다. 공부를 잘하는 학생들은 수업시간에 예리하게 질문하고 방과 후에 교수 방에 자주 들르는 학생들이다. 이 학생들은 적극적으로 배우기 때문에 스스로를 자격이 충분한 학생이라고 여긴다. 반면 임포스터 학생들은 수업을 열심히 경청하긴 하지만 자기 의견을 표명하는 일이 별로 없고 조용히 혼자 공부하는 편이다. 조용하지만 엄청나게 노력하기 때문에 시험에서 대체로 좋은 성적을 거둔다.

하지만 높은 성취는 필기시험만으로 얻어지는 것은 아니다. 학습의 난이도가 높아질수록 혼자서 하는 학습은 효율이 떨어지게 마련이다. 수업시간에 토론이 시작되면 창의적인 사고가 요구되고, 학교를 졸업하면 구직을 위해 면접 준비도 해야 한다. 이런 종류의 과업에 성공하기 위해서는 여러 사람의 도움이 필요하다. 임포스터들은 처음 얼마간은 힘든 상황을 혼자 잘 견딜 수 있다. 그러나 혼자서 모든 걸 감당하려 할수록 점점 더 과업이 버거워지고 심리적으로 좌절스러워진다. 하지만 다른 사람에게 자신의 좌절감과 실패를 들킬까 봐 가면을 더 단단히 뒤집어쓰고 아무렇지 않은 척한다.

그러면 목표까지 가는 여정이 훨씬 더 멀게 느껴지고 다른 사람들에 비해 자기 실력이 더 뒤처지는 것 같은 느낌을 받게 된다. 다른 사람들과 자신의 능력 차이가 계속 의식되어 종국에는 목표를 포기하기도 한다.

◆ 낙관적 비교
　　vs 비관적 비교

임포스터들은 자기보다 뛰어난 사람을 만나면 '저 사람과 나는 하늘과 땅 차이'라며 거리를 두거나 뒤로 물러나버린다. 반면 임포스터가 아닌 사람들은 상대에게 다가가 "너 정말 잘하는구나. 나도 한번 해볼래. 나 좀 도와줄 수 있어?"라고 이야기한다. 다른 사람들이 도전할 수 있는 일이라면 나도 도전할 자격이 있다고 믿는 것이다.

비교 그 자체는 나쁜 것이 아니다. 임포스터와 임포스터가 아닌 사람 모두 자기보다 더 뛰어난 사람과 자신을 비교했다. 하지만 임포스터는 자기 자신을 그 자리에 오를 자격이 없는 사람으로 과소평가했기 때문에 앞질러 성공한 사람에게 도움을 청하지 못했다. 연구에 따르면 임포스터들은 다른 사람과 자신을 비교할 때 자기보다 뛰어난 사람에게는 '대조contrast'를, 자기보다 열등한 사람에게는 '동일시'를 사용하는 것으로 드러났다.

반대로 임포스터가 아닌 사람들은 자기보다 실력이 뒤떨어지는 사람과 자기를 비교할 때 '대조'를 더 많이 사용했다. 더 놀라운 사실은, 피험자들의 연령이 고작 10~12세였음에도 불구하고 이 아이들의 80%가 임포스터의 성향을 보였다는 점이다. 이렇게 어린 나이에도 아이들은 '자신이 뭔가를 성취할 수 있는 사람인지 아닌지'를 스스로 판단 내리고 있었다.

학교를 다니면서 친구들과의 비교는 피할 수 없다. 그러므로 아이와 부모 모두 '낙관적 비교'를 배우는 일이 중요하다. 한쪽이 우월하면 다른 한쪽이 열등해지는 '비관적 비교'는 포기의 마음을 불러일으킨다. 하지만 낙관적 비교는 상대와 우열을 겨루는 것이 아니라, 상대가 해내면 나도 해낼 수 있다고 생각하는 것이다.

가령 내 아이가 다른 아이들에 비해 학습수준이 떨어진다면 "너도 포기하지 않고 계속 하다 보면 언젠가는 따라갈 수 있어. 엄마는 전혀 걱정 안 해"라고 격려할 수 있다. 또 이렇게도 덧붙일 수 있다. "지금만 보면 누구는 더 잘하는 것 같고 누구는 더 못하는 것 같지? 하지만 배움이란 끝이 없는 거야. 앞으로도 우리는 배우고 또 배워나갈 거야."

아이들이 모두 동일한 학습곡선을 가진다면 아마도 비관적인 비교가 일어날 것이다. 하지만 낙관적으로 비교할 때마다 학습수행의 결과가 달라지는 것을 경험하게 되면 아이에게도 "나도 할 수 있을 거야"라는 믿음이 생겨날 것이고, 목표를 이루기 위해 다른 사람의 도움도 편하게 받게 될 것이다. 가면 뒤에 숨어서 혼자 완벽하게 해내려고 애쓰기보다, 비교를 통해 상대와 나의 차이가 무엇인지를 관찰하고 더 나은 학습법을 찾기 위해 외부에 기꺼이 도움을 청하게 되는 것이다. 그것은 실수를 완벽한 성공을 가로막는 방해물이 아닌 한층 더 성장할 수 있는 계기로 바라볼 수 있을 때 가능한 일이다.

따라서 우리 아이를 행복하게 공부하는 아이로 키우고 싶다면, 아이가 자신의 실패를 있는 그대로 받아들이고 기꺼이 도움을 청할 수 있도록 도와야 한다.

진정한 행복을 위한
메타인지 실천법

임포스터이즘을 예방할 수 있는 제일 좋은 방법은 완벽을 향한 욕심을 내려놓는 것이다. 완벽에 대한 집착을 내려놓는 데 도움이 되는 메타인지 실천법은 아래와 같다.

1. 아이에게 '실패할 기회'를 준다.

부모들은 실수를 나쁜 것이라 여겨서 아이가 실수를 저지를 때 창피해한다. 하지만 '실수가 곧 배움의 과정'이다. 부모가 실수를 통해 배우고 또 나아가는 모습을 보여주면, 아이도 배우는 과정에서 얼마든지 실수할 수 있다는 사실을 배우게 된다.

자신을 있는 그대로 드러내보는 시도도 필요하다. 한국말을 잘하고 싶었던 나는 실수하는 내 모습이 너무 창피해서 오랫동안 한국말을 입에 올리지 않았다. 대학 입학 후 내가 한국어를 쓸 수 있도록 물꼬를 터준 사람은 어머니였다. 나는 어머니와 한국어로 편지를 주고받았는데, 어머니는 잘하고 있다는 격려와 함께 나의 한국어 실수들을 일일이 고쳐서 답장을 보내주었다.

어머니의 긍정적인 피드백 덕분에 나는 한국어 편지를 더 잘 쓸 수 있겠다는 용기를 얻었다. 무엇보다 어머니가 나를 믿어준다는 사실에 큰 감동을 받았다.

사랑하는 리사에게.　　21/25/93.
편지 너무 반가웠어, 정말 잘썼어.
틀린데가 여러군데 있지만 너무 훌륭해.
대학은 힘들지만 재미있게 보낸다니
다행이고, 나는 리사를 너무 믿어,
잘하고 있오, 앞으로도 열심히 할것이라고.
끝에 몇군데 적어 보낸다.
　　　　답과 기다릴께.
　　　　　　　엄마가.

이분 → 이번
벌서 → 벌써
두분 → 두번　　　학과대학 → 치과
세분 → 세번　　　조용하고 → 졸업
날리에요 → 난리에요.　봐에지 → 봐야지
요세는 → 요새는　　　봐야지
잣년에는 → 작년에는　예기 → 얘기
별로 → 별로.　　　해에지 → 해야지.

2. 신뢰받고 있다는 느낌을 준다

내가 박사과정 1년차 때 일본에서 대규모 학회가 열렸다. 처음으로 지도교수와 함께 참석하는 학습/메타인지 학회였다. 교수님은 발표자로 참석하고 나는 작은 포스터를 발표할 예정이었다. 공항에서 만나 같은 비행기를 타기로 했지만 교수님 아이가 갑자기 병이 나는 바람에 교수님의 학회 참석이 어려워졌다.

비행기 탑승 직전 교수님이 내게 전화를 걸어왔다. "내가 만든 노트와 슬라이드를 보낼 테니 나 대신 리사가 발표해주면 좋겠어." 나는 너무 당황한 나머지 제대로 대답도 못했다. 일본으로 건너가는 내내 나는 극심한 불안에 시달렸다. 학회에 도착한 뒤 학회 관련 담당자가 "리사 선생님이 교수님 대신 발표하실 건가요?"라고 물어왔을 때, 나는 조금도 주저하지 않고 단칼에 거절해버렸다. 임포스터인 내가 이런 자리에 선다면 나의 무능이 만천하에 알려지는 것은 시간문제일 테니까 말이다.

발표를 포기했지만 나는 그 일화를 통해 한 가지 큰 교훈을 깨달았다. 나는 스스로를 자격 없는 사람이라고 여겼지만, 우리 교수님은 나를 믿어주셨다는 사실이다. 지도교수님의 신뢰 덕분에 나는 차츰 더 용기를 낼 수 있게 되었고, 내 삶에 찾아온 기회들을 다시는 놓치지 않았다. 여전히 불안으로 마음이 흔들리곤 하지만 더는 실수를 두려워하지 않게 되었다.

3. 불완전함이 곧 행복함이라는 사실을 알려준다

전설적인 바이올리니스트로 불리는 정경화는 70세를 맞이하여 서른세 번째 정규앨범 〈아름다운 저녁^{Beau Soir}〉을 발매했다. 그녀는 인터뷰에서 이렇게 말한 적이 있다.

"제가 제일 싫어하는 수식어가 '레전드'예요. 사람들이 나를 레전드라고 부를 때마다 손발이 오글거리죠. 앨범을 많이 낸 연주자는 무슨 곡이든 척척 연주해낼 거라고들 착각하시는데 이번엔 정말이지 너무 힘들었어요. 죽어도 다시는 못하겠구나 싶더라니까요."

어렵고 힘들었던 과정을 진솔하게 열어 보이는 그녀의 태도는 임포스터들이 가면을 벗어버릴 수 있도록 용기를 준다. 나 역시도 학생들에게 성공은 학습과정의 일부일 뿐이라고 얘기해주고 싶다.

메타인지 근육을 키우는 것은 곧 용기와 배포를 키우는 일이다. 배우는 과정에서 완벽하지 않은 자신을 받아들이는 용기 말이다. 실수를 극복하고 실수에서 교훈을 얻을 수 있다는 사실을 알게 되면, 임포스터들도 '불완전함이 곧 행복'이란 사실을 자연스럽게 깨닫게 될 것이다.

Chapter ②

가면을 벗기 위한 메타인지 사고법 두 번째,

어느 아이든 모르는 시기를 거친다

An Impostor's Story

대니얼 키스Daniel Keyes의 소설《앨저넌에게 꽃을Flowers for Algernon》의 주인공 찰리는 빵집 청소부다. 그는 서른세 살의 청년이지만 IQ는 고작 68이다. 일곱 살짜리 아이의 지능을 가지고 있지만 그는 누구보다 행복한 삶을 살고 있었다. 어느 날 그는 유명 교수의 제안으로 지능을 높이는 위험천만한 수술을 받게 된다.

놀랍게도 수술 후 몇 주 만에 찰리는 천재로 변신한다. 지능이 높아진 덕분에 그는 다양한 언어를 익히고 수많은 논문들을 읽을 수 있게 되었다. 그는 많은 지식을 쌓을 수 있었지만 '똑똑해진 찰리'는 더이상 수술 전의 '아이 같던 찰리'를 기억하지 못한다. 처음부터 이 세상엔 '똑똑한 찰리'만 존재했던 것처럼 이전의 자기 자신을 까맣게 잊어버린 것이다.

내가 아이와 함께 그림책을 읽고 있을 때였다. 엄마인 내게는 그림 아래 글자들이 곧바로 눈에 들어왔다. 글자의 발음과 뜻도 저절로 머리에 떠올랐다. 하지만 아이의 눈에는 글자가 잘 들어오지 않는 듯했다. 글자를 봐도 그게 어떤 단어인지, 어떻게 읽어야 하는지 알지 못했다.

'나도 어린 시절에는 그렇게 배웠었지' 하면서 나는 아이의 눈높이에서 아이의 읽기를 도와주려고 했다. 하지만 나는 이미 글자를 다 알아버려서 글자를 모르던 때를 기억할 수가 없었다. 솔직히 글자를 몰랐던 적이 없었던 것 같은 착각마저 들었다.

우리 애는 원래 잘했다고 믿는 부모들의 사고방식

2020 프로야구 한국시리즈 결승전이 펼쳐지고 있다고 상상해보자. 당신은 친구와 함께 올해의 우승팀을 점쳐본다. 결승 진출팀은 두산 베어스와 NC 다이노스다. 2019년도 우승팀이 두산 베어스였으므로 두산 베어스의 연승을 기대해볼 만한 상황이다.

친구가 묻는다. "아무래도 두산이 이길 것 같지? NC가 승리할 가능성이 있을까?" 이에 당신은 "NC는 실력은 좋은데 승리한 전적이 없어서 이번에도 우승은 어려울 것 같아"라고 한다. 어느새 경기 마지막 날! 우승을 차지한 팀은 NC다. 당신은 그럴 줄 알았다는 듯 무릎을 치며 이렇게 말한다. "NC가 이길 줄 알았다니까!"

결승전이 시작되기 전만 해도 NC의 우승 가능성을 낮게 점쳤던 당신은 우승 결과가 나오자마자 NC가 이길 걸 처음부터 알고 있었다는 듯 얘기한다. 이전에 내렸던 판단을 완전히 잊어버린 것이다. 이러한 착각을 전문용어로는 Hindsight Bias, 우리말로는 '사후과잉 확신편향'이라고 한다. 뒤를 본다는 뜻의 'Hindsight'와 편향이라는 뜻의 'Bias'를 합친 말로 과거를 보지 못하는 편향된 사고방식을 의미한다.

◆ 사후과잉확신편향
　 오류의 문제

1974년도에 피셔프와 베이스Fischhoff & Beyth는 사후과잉확신편향에 관한 연구를 최초로 발표했다. 논문의 제목은 〈나는 처음부터 그렇게 될 줄 알고 있었다I knew it would happen – remembered probabilities of once-future things〉였다. 이 논문에서 연구진은 1972년 미국 닉슨 대통령의 역사적 중국 방문을 앞두고 실험참가자들에게 "마오쩌둥을 최소한 한 번 이상 만날 확률은 얼마나 될까?" "닉슨 대통령이 그 방문이 성공적이었다고 발표할 확률은 얼마나 될까?" 같은 다양한 가능성에 관해 질문했다.

　닉슨 대통령이 중국 방문을 마치고 2주가 지나서 피셔프는 앞의 응답자들에게 동일한 질문을 다시 던졌다. 그리고 그들이 전에 답했던 확률을 기억해내서 적어달라고 요청했다. 응답자들은 실제로 발생한 사건에 대해서는 이전에 응답한 것보다 더 정확하게 예측했다고 답했으며, 발생하지 않은 사건에 대해서는 이전보다 부정확하게 예측했다고 답했다.

그렇다면 이런 편향(착각)은 왜 생겨나는 것일까? 즉 과거보다 현재를 더 잘 기억하고, 때로 과거를 완전히 망각해버리는 이유는 무엇일까? 첫 번째 심리학적 이유는 우리의 인지 성장에 도움이 될 더 정확한 내용을 기억하기 위해 과거에 틀렸던 내용을 무시하려는 것일 수 있다. 두 번째 이유는 당황스러움이나 창피함을 피하기 위함일 수 있다. 뭔가를 잘못 알고 있을 때 교정을 통해 자신의 인지를 바로잡아야 하는데, 그 과정에서 체면을 구기느니 '나는 처음부터 제대로 알고 있었다. 실수가 아니다'라고 믿어버림으로써 창피함을 모면하려는 것일 수도 있다.

우리는 확실함을 불확실함보다 더 편하게 느낀다. 하지만 만일 모든 것을 정확하게 예측할 수 있다면 우리는 메타인지를 쓸 필요도, 분석을 할 필요도 없다. 사실 확실한 것이 언제나 좋은 것만은 아니다. 확실한 결과 하나만 알고 있으면 추후 비슷한 문제가 발생했을 때 더 나은 방식으로 상황을 분석하거나 판단할 방법을 찾지 못할 수 있다. 최선의 선택이나 옳은 결정을 내리려면 현재를 판단하는 인지능력뿐만 아니라 시행착오를 거치면서 과거에서 현재로 한 걸음씩 더 나아가는 방법도 알아야 한다.

임포스터 부모가
임포스터 아이를 키울 위험성

승패 예측의 실패는 그리 큰 문제가 아닐 수 있다. 내가 "처음부터 이 팀이 이길 줄 알았다"고 뻔뻔스럽게 얘기해도 친구는 그러려니 하고 넘어가 줄지도 모르니까 말이다. 하지만 사람들이 이런 착각을 대수롭지 않게 넘겨버린다는 사실 때문에 사후과잉확신편향이 내게는 더 위험하게 느껴진다. 부모 입장에서 비슷한 상황을 떠올려보자.

자신의 학습과정이 실수와 시행착오로 가득했다는 사실을 망각하고 지금까지 자신은 완벽한 길만 걸어왔다고 자부하는 부모는 스스로 임포스터로 살 뿐만 아니라 자녀를 임포스터로 키울 위험이 있다. 부모 자신이 학습과정에서 애먹고 분투했던 과거를 잊어버리면, 아이가 처음 뭔가를 배우면서 끙끙댈 때 그 상황을 이해

못할 수 있다. '우리 아이는 왜 이 쉬운 것도 이해하지 못하지?'라는 생각에 좌절스러워지는 것이다.

부모들도 마음이 여유로울 땐 처음 배우는 일이 쉽지 않다는 걸 충분히 이해한다. 그러나 시간에 쫓겨 마음이 조급해지면 아이가 뭔가를 어려워하는 모습만 봐도 금세 불안해진다. 자신이 예전에 공부하면서 애먹었던 건 생각 못하고, 낑낑대는 아이를 보면서 답답함을 느끼고 스트레스를 받는다. '개구리 올챙이 적 생각 못 한다'는 속담이 딱 들어맞는 상황이다. 이런 착각이 바로 사후과잉확신편향이다. 사후과잉확신편향은 어떤 지식을 습득한 후에 자신의 이전 지식을 과장하거나 다른 사람들의 부족한 지식을 깎아내리는 경향이다.

고3 수험생을 둔 부모들은 걱정을 달고 산다. 말 끝에는 꼭 "나 아무데도 못 가. 고3 엄마잖아"가 따라붙는다. 수험생 부모가 겪는 온갖 마음고생은 아이가 원하는 대학에 합격했을 때 일거에 보상받는다. 대학에 합격한 아이에게 부모는 이렇게 말한다. "나는 전혀 걱정 안 했어. 네가 붙을 걸 처음부터 알고 있었거든!"

과거의 마음고생은 머릿속에서 완전히 사라지고, 과거에 했던 걱정들은 '처음부터 좋은 결과가 나올 줄 알았다는 믿음' 아래 묻혀버린다. 입시 준비 기간 내내 걱정 한번 하지 않았던 사람처럼 행동하는 고3 엄마는 비슷한 걱정을 하는 후배 수험생 엄마들에게 "걱정을 왜 해? 자기 너무 욕심 많은 거 아냐?"라며 마치 자신은 욕심 따윈 부려본 적 없는 사람처럼 얘기하고 다닌다.

물론 부모는 좋은 순간, 좋은 감정만 기억하고 싶을지도 모른다. 그러나 걱정으로 속 끓이던 과거의 시간을 까먹으면 그 어려움을 어떻게 극복해왔는지도 덩달아 망각하게 된다. 실수를 만회해나갔던 방법, 힘든 입시 과정을 견디게 해줬던 용기를 잊은 부모는 '우리 아이는 처음부터 공부를 잘했어'라고 믿게 된다.

문제는 여기서 시작된다. '처음부터 공부를 잘했던 아이라면' 앞으로도 노력 없이 좋은 결과를 내야 한다는 부담이 만들어지기 때문이다. 그리고 그렇게 살아가야 한다고 느끼는 순간부터 임포스터이즘 증상들이 시작된다.

◆ **불완전한 과거는
잊는 편이 나을까?**

우리는 과거를 완전히 망각하지는 않는다. 그러나 학습했던 과정을 실제와 다르게 기억할 수 있고, 실제와 다르게 각인된 기억은 교정하기가 어렵다. 가령 중간고사에서 좋은 성적을 받은 아이는 보통 '시험공부를 열심히 했기 때문이야'라고 생각한다. 그러나 '평소보다 조금 더 공부했을 뿐인데 좋은 성적이 나왔네'라고 지각하는 아이는 실제로 아주 적은 노력만으로도 뛰어난 결과를 얻었다고 착각할 수 있다.

여기 피아노를 배우는 한 아이가 있다. 자의든 타의든 아이가 매일같이 피아노 연습을 하기란 여간 어려운 일이 아니다. 부모와 아이는 피아노 연습을 하네 마네를 두고 실랑이를 벌인다. 매일 전쟁을 치르더라도 억지로 연습을 시킨 아이들이 더 자주 성공하는 것처럼 보이는 건 사실이다. 치열하게 노력한 아이들이 피아노 콩쿠르에서 더 많이 상을 거머쥐기 때문이다. 사람들은 아이 부모에게 "축하해! 너무 잘하더라. 애가 피아노에 재능이 있나 봐!"라며 아이 칭찬을 한다. 부모는 그간의 힘들었던 과정을 떠올리며 사실대로 인정한다. "매일 애 연습시키느라 얼마나 힘들었는지 몰라." 하지만 기억은 미화되기 마련이어서 시간이 갈수록 아이와 전쟁을 치르던 괴로운 시간들은 다 잊어버린 채, 성공의 결과를 당연한 것으로 받아들이기 시작한다. 처음부터 재능이 있어서 약간의 노력만으로도 큰 성공을 거뒀다는 식으로 말이다.

　이런 사후과잉확신편향은 우리 연구진이 진행한 실험에서도 확인된 바 있다. 연구자는 실험참가자들에게 사물의 그림을 하나씩 보여준다. 첫 번째로 제시된 그림은 너무 흐릿해서 그림의 내용이 무엇인지 알아맞히기가 어렵다. 하지만 다음 카드로 넘어갈수록 그림 속 물체의 실루엣이 차츰 선명해진다. (한 사물에 대한 그림은 최대 15개까지 제시될 수 있으며, 마지막으로 제시되는 그림이 가장 선명하다.) 참가자가 그림의 내용을 알아차리면 연구자는 카드 제시를 멈추고 다른 사물의 그림으로 넘어간다. 연구결과 참가자들 대부분이 열 번째 그림에서 정답이 '새'란 걸 알아맞혔다.

(Son et al., 2021)

사후과잉확신편향을 확인하기 위한 15개의 사진.
뒤로 갈수록 사진 속 사물의 형태가 뚜렷해진다.

두 번째 세션에서는 첫 번째 세션에서 제시했던 그림들을 참가자들에게 한 번 더 보여주었다. 그런 다음 가장 흐릿한 첫 그림부터 순차적으로 다시 제시하며 "이때 새라는 걸 알았습니까?"라고 질문했다. 이전 세션을 제대로 기억하고 있는 참가자들이라면 열 번째 그림이 나오기 전까지 계속 몰랐다고 대답해야 맞다. 그러나 참가자들 상당수는 여덟 번째쯤 제시된 그림을 보고 "이때 새라는 걸 알아차렸다"고 답했다. 즉 과거의 무지했던 상태를 망각하고 현재 자신이 가진 지식 쪽으로 살짝 편향이 일어난 것이다. 문제 해결을 위해 본인이 애쓰고 노력했던 과정을 간과했다는 의미다.

어른들일수록 더 쉽게 사후과잉확신편향에 빠질 수 있다. 우리는 과거를 완벽하게 기억해내지 못하기 때문에 자신에게 편향이 있을 수 있다는 사실을 잘 깨닫지 못한다. 내가 아이에게 글자를 가르칠 때 어린 시절 내가 얼마나 어렵게 글자를 익혔는지 잊어버린 것처럼 말이다. 이렇게 처음부터 잘 알고 있었다고 주장하려면 가면을 쓰는 일에 조금씩 더 익숙해져야 한다. 자기도 모르게 가면에 익숙해지면 '과거의 나'보다는 더 나은 상태가 된 '현재의 내 모습'만이 더 중요해진다.

현재에서 벗어나 미래를 생각하는 능력

켄트 코크레인^{Kent Cochrane}은 서른 살이 되던 해(1981년)에 오토바이 사고로 뇌에 큰 손상을 입었다. 입원하고 한 달 사이 그는 양쪽 해마를 모두 잃고 말았다. 해마는 새로운 기억들을 부호화^{encode}하고 저장된 기억들을 인출^{retrieval}하는 뇌 기관이다. 그의 기억들 가운데 과거와 관련된 기억들(일화기억, episodic memory)은 전부 소실됐지만, 일반적 사실이나 규칙에 대한 기억(의미기억, semantic memory)은 손상되지 않았다. 즉 그는 수를 계산하거나 동물의 명칭은 떠올릴 수 있었지만, 어릴 적 추억이나 지난주에 했던 일, 오늘 아침에 먹었던 메뉴는 전혀 기억해내지 못했다.

더 충격적인 것은 그가 미래를 예측하지 못한다는 사실이었다. 토론토대학의 엔델 털빙^{Endel Tulving} 교수는 켄트가 과거와 관련된 질문에만 대답하지 못할 거라 예상하고 켄트에게 미래의 계획과 관련된 질문을 던졌다. "주말에는 뭘 할 건가요?" 켄트는 한참을 고심했지만 끝끝내 답을 하지 못했다.

털빙 교수는 켄트를 연구하는 과정에서 중요한 사실을 발견했다. 인간은 해마 덕분에 과거를 회상할 수 있을 뿐만 아니라 미래를 상상할 수도 있다는 것이었다. 그런 의미에서 해마는 마음의 시간여행Mental Time Travel을 가능하게 해주는 뇌 영역이다. 이 영역이 손상되면 켄트처럼 언제나 현재만을 살게 된다. 뒤로도 앞으로도 시간여행을 할 수 없게 된다.

◆ **내가 바라는 미래의 모습에
   근접해가는 방법**

시험을 준비할 때 우리는 '내일 시험에는 어떤 문제가 출제될까?' 하고 미래를 예측해본다. 앞으로 펼쳐질 시간을 예상할 수 있기 때문에 지금 어떤 행동을 할 것인지 선택할 수 있다. 우리 마음이 미래로 건너가 어려운 문제가 출제될 것 같다고 예상하면, 우리는 미래 목표 달성을 위해 우리 자신을 컨트롤하게 된다. 미래를 상상할 수 있기에 자신의 메타인지를 적극적으로 활용할 수 있게 되는 것이다.

자신의 미래가 잘 예측되지 않는다면 다른 사람에게 도움을 청할 수도 있다. 가령 중학교에 입학한 후 치르는 첫 국어시험이 어떤 방식으로 출제될지 예상하기 어렵다면 선생님에게 시험 범위가 어디인지, 어떤 작품을 특히 공부해두면 좋을지 질문하면서 시험에 관한 정보를 얻을 수 있다.

현재를 벗어나 미래를 그려보는 능력은 시험공부에서뿐만 아니라 일상생활에서도 무척 중요하다. 이번 주말에 친구와 점심 약속이 있다면, 친구와 어떻게 만나고 무엇을 함께할지 머릿속에서 상상해보는 과정을 거칠 것이다. 그리고 주말이라 약속 장소에 사람들이 북적거릴 것 같으면 미리 예약을 걸어놓을 수 있다. 혼자 여행을 떠날 예정이라면 장소와 일정을 정한 뒤 필요한 물품을 구비하거나 미리 짐을 챙겨둘 것이다. 더 먼 미래로 시간여행을 떠나야 할 때도 있다. 3년 후에 원하는 대학에 들어가기 위해 고1 때부터 매일 조금씩 공부를 해두는 것이다. 3년 뒤의 미래를 상상할 수 없는 사람은 목표를 이루기 위한 준비도 하기 어렵다.

하지만 현재에서 벗어나보는 일이 그리 쉬운 것은 아니다. 나에게는 현재의 내 모습이 가장 두드러져 보이고 또 가장 잘 보이기 때문이다. 그러므로 근육을 키우듯 상상력도 키워야 한다. 어렸을 때는 가족여행을 떠나기 전에 어떤 짐을 어떻게 챙겨야 할지 전혀 감을 잡지 못하지만, 스스로 짐 싸는 경험을 반복하면 할수록 노하우가 점차 쌓여간다. 실수와 시행착오는 결과적으로 계획하는 능력을 키워준다. 여행지에 도착하고 나서 중요한 물건을 빠뜨리고 왔다는 사실을 알아차렸을 때 학습은 가장 강렬하게 일어나는 법이다. 그리고 그 학습 덕분에 앞으로 중요한 물건은 제일 먼저 가방에 챙겨놓겠다고 다짐하게 되는 것이다.

우리는 배워나가는 과정에서 어쩔 수 없이 실수를 저지른다. 하지만 저질렀던 실수와 실패를 보완해나가면서 내가 바라는 미래의 모습에 점점 더 근접하게 된다.

오늘 배운 것을
내일은 잊어버릴 수 있다

부모는 아이의 공부를 다 봐주고 나서 아이에게 확인차 묻는다. "이제 다 기억할 수 있지?" 부모들은 아이가 완벽한 학습상태에 빠르게 도달할 수 있을 거라 기대하지만, 혼자 힘으로 빠르고 쉽게 목표에 도달하는 아이는 많지 않다. 부모는 '오늘 공부한 내용이니 당연히 내일도 기억하겠지' 하지만, 공부하는 과정에서 충분한 연습과 실수, 실수를 보완하는 경험이 없다면 공부했던 내용은 언제든 쉽게 증발해버릴 수 있다.

초등학교 방과 후에 메타인지 학습 과목을 가르쳤던 나는 초등학생들을 대상으로 다양한 실험을 시도해보곤 했다. 우선 아이들이 어떻게 자신의 학습을 컨트롤하는지 알아보기 위해, 여러 개의 영단어 쌍을 차례로 컴퓨터 화면에 띄워 아이들에게 단어 쌍을 학

습하게 했다. 그런 다음 "방금 본 단어 쌍을 한 번 더 공부할 수 있
는 기회를 줄 거야. 지금 다시 볼래? 아니면 다른 단어까지 전부 다
본 뒤에 볼래?" 하고 두 옵션 가운데 하나를 선택하게 했다.

실험에서 내가 제시한 첫 번째 옵션은 편한 학습(단기적 학습)을,
두 번째 옵션은 불편한 학습(장기적 학습)을 의미한다. 만약 아이가
방금 본 단어를 '지금 다시 보겠다'고 할 경우, 학습한 단어 쌍을
망각할 틈이 발생하지 않기 때문에 미래에 자신이 시험을 잘 칠 거
라는 과신이 생겨날 수 있다.

반대로 아이가 '나중에 다시 보겠다'를 선택할 경우, 암기 후 시
간이 한참 흐른 뒤이므로 단어를 까먹는 실수를 범할 가능성이 커
진다. 아이는 실수를 했기 때문에 다시 단어를 암기할 때 더 많은
노력을 기울이게 된다.

실험결과 초등학생들 대부분이 '지금 다시 보겠다'를 선택했다.
하지만 똑같은 실험을 대학생들에게 적용했을 때는 전혀 다른 결
과가 나타났다. 대학생들은 학습방식을 선택하는 과정에서 메타
인지 능력을 발휘했다. 모니터링 후에 단어 쌍이 외우기 어렵다고
판단되면 '지금 바로 다시 본다'를 선택했고, 외우기 쉽다고 판단
되면 '나중에 다시 본다'를 선택했다. 한 가지 학습방법을 고집하
기보다는 모니터링 결과에 따라서 스스로 학습방법을 컨트롤한
것이다.

◆ 아이들에게 필요한 건
과거를 토대로 미래를 상상할 기회

내가 초1 학생들에게 실험내용을 설명했을 때 아이들의 반응은 꽤 나 흥미로웠다. 실험 전에 아이들에게 '나중에 본다'는 옵션이 있 다고 설명하자 아이들은 어리둥절한 표정을 지었다. "그게 무슨 말이에요?" "나중에 언제요?" 개중에는 설명을 아무리 해줘도 "나 중에 공부하면 두 번 공부하는 거잖아요!"라고 착각하는 아이들도 있었다. 지금 다시 보나 나중에 다시 보나 두 번을 보기는 마찬가 지인데도 말이다.

아이들의 반응으로 미뤄보건대 어린이들은 미래를 상상하는 데 어려움을 느끼는 듯하다. 하지만 나이가 들수록 과거의 경험을 토 대로 미래를 상상해보는 일은 더 익숙해지고 자연스러워진다. 대학 생들이 초등학생들과는 다른 선택 양상을 보였던 것처럼 말이다.

따라서 아이들에게 현재를 넘어서서 생각해볼 수 있는 기회를 많이 만들어주는 것이 좋다. 실제로 다른 실험에서 어른이 아이들 로 하여금 '나중에 다시 본다'는 옵션을 선택할 수 있도록 도움을 주자 시험점수가 향상되었다. 즉 어린아이들은 미래를 정확하게 예측하지 못하기 때문에, 미래를 상상하는 것이 조금은 더 용이한 어른이 아이들에게 미래적 시각을 열어줄 수 있으면 학습에 더 도 움이 될 것이다.

사람은 누구나 배운 것을 잊어버린다. 우리의 인지능력에는 한계가 있으며 지금 우리가 인지하고 있는 사실들은 얼마든지 왜곡되기 쉽다. 메타인지는 우리의 인지가 정확한지 아닌지를 판단하게 해주는 능력이다. 모니터링 판단이 정확하면 컨트롤 능력도 향상될 수 있다. 뭔가를 학습한 후 "내가 다 기억할 수 있겠지?" 하는 어설픈 확신에 기대기보다 "오늘 배운 내용을 내일 되면 또 얼마나 잊어버릴까?"라고 자문할 수 있다면, 우리는 미래를 좀 더 현실적으로 예측할 수 있게 될 것이다. 아이든 어른이든 '현재의 내 학습상태가 영원히 지속되지 않으며 시간이 지나면서 변화할 수 있다'는 사실을 이해한다면 자신의 메타인지를 적극적으로 활용하게 될 것이다.

과거의 시행착오를
기억에서 지우는 실수

미래를 예측하기란 쉽지 않지만 해마가 건강하게 기능하는 한 다양한 시점에서 마음의 시간여행이 가능하다. 과거의 실수 경험이 조금씩 쌓이면 그것을 바탕으로 우리는 미래를 더 정확하게 예측하게 되고 미래의 목표에 더 가까워질 수 있다. 문제는 실수를 기억하지 않으려는 데 있다. 실수를 하고도 실수한 사실을 망각해버리면, 그 경험은 일어나지 않은 것이나 다름없다. 과거로 마음의 시간여행을 하지 못한다면 사후과잉확신편향을 의심해볼 수도 있다.

과거의 경험들 덕분에 현재가 존재하는 것임에도 불구하고 '과거에 무지했던 내 모습'이나 '실패의 경험들'을 굳이 떠올릴 필요가 없다고 믿는 사람들도 있다. 과거의 고군분투와 시행착오를 기억에서 지우고 나는 원래부터 잘했던 사람이라고 믿어버리는 데서 임포스터이즘은 시작된다.

'타고난 능력자'라는 가면을 쓰게 되면 노력하면서 꾸준히 배워나가는 것이 어려워진다. 고생과 노력이 필요한 과정을 맞닥뜨리자마자 "나는 원래 잘 못하는 사람"이라며 금세 포기해버리기 때문이다. 임포스터들은 자신에게는 타고난 능력이 없기 때문에 운마저 없으면 혼자 힘으로는 잘해내지 못할 거라고 믿는 경향이 있다. 그래서 실수를 저지르면 "나는 원래 못하는 사람이라 그래"라고 합리화하거나 포기하는 게 맞다고 결론 내린다.

임포스터들은 속으로는 자기 능력을 평가절하하면서도 '타고난 능력자'라는 가면 때문에 곧바로 포기하지도 못한다. 뭔가를 배워나가다 보면 반드시 노력이 필요한 순간이 찾아오고, 그 과정에서 실수도 하기 마련이다. 그런데 임포스터들은 노력하고 실수하는 모습을 숨기면서 처음부터 완성형이었던 사람처럼 자기를 내보이려고 애쓰다가 '운과 과도한 노력'의 악순환에 빠지게 된다.

운은 자기 힘으로 컨트롤할 수 없기 때문에 우선은 엄청난 노력을 쏟아붓기 시작한다. 과도한 노력은 성공 확률을 높이고, 성공할 때마다 사람들 눈엔 '원래부터 잘했던 사람'처럼 보이기 때문에 임포스터는 끝내 가면을 벗을 수가 없다. 결국 이들은 양자선택의 기로에 서게 된다. 재빨리 포기해버리거나, 포기를 못할 경우 자신의 민낯을 들킬까 봐 계속 불안해하는 것이다.

◆ 고정형 사고방식과
　　성장형 사고방식

스탠포드대학의 심리학과 교수 캐롤 드웩 Carol Dweck 은 지능에 관한 학생들의 사고방식을 연구하는 과정에서 두 가지 다른 사고방식을 발견했다. 바로 고정형 사고방식과 성장형 사고방식이다. 고정형 사고방식을 가진 사람은 지능이나 자질은 타고나는 것이어서 평생 변하지 않는다고 믿는 반면, 성장형 사고방식을 가진 사람은 현재의 능력은 출발점일 뿐이며 이후의 노력이나 전략, 타인의 도움을 통해 얼마든지 성장시킬 수 있다고 믿는다.

임포스터들은 고정형 사고방식을 가진 사람들과 비슷한 양상을 보일 수 있다. 임포스터들이 성장형 사고방식을 받아들이지 못하는 원인은 다양할 것이다. 그중 하나는 아마도 배우는 과정에서 인지 능력의 변화를 경험했지만, 그 경험을 기억하지 못하거나 그 과정의 중요성을 무시했기 때문일 수 있다. 이전의 학습과정을 떠올리려고 노력하는 것이 중요하다고 말하는 이유가 이 때문이다.

나도 수업을 할 때 '가르치는 내용을 처음부터 잘 알았던 사람처럼' 가르치고 있다는 사실을 깨달았다. 그러면 학생들 역시도 '나도 빨리 잘해야 할 텐데. 안 그러면 선생님이 내가 공부를 못한다고 생각할 거야'라며 불안해한다. 우리 모두 잘하는 척하는 가면을 쓰는 것이다. 수많은 수업장면에서 교사는 자신의 허점 많았던 과거를 다 잊어버린 듯 가르치고, 학생들은 '원래부터 똑똑한 학생'

으로 보여야 한다는 압박감 때문에 서툴고 어설픈 자신의 모습을 숨기려고 한다. 수업 내용을 이해하지 못하는데도 자신의 무지가 탄로날까 봐 다시 묻지도 못하는 것이다. 조용히 수업을 듣기만 하면서 모르는 건 어떻게든 혼자 힘으로 해결해보려고 에너지를 낭비한다.

'과거의 인지과정을 뒤돌아보는 능력hindsight'과 유사한 심리학 이론으로 '잠행성 결정론Creeping Determinism'이 있다. 잠행성 결정론에 따르면 과거는 계속해서 현재 쪽으로 업데이트되면서 변형되기 때문에 엄밀히 말하면 기억할 수 있는 과거가 없다고 한다. 아무리 과거를 기억하려 해도 기억나지 않는 것이 당연하다고 말하는 연구자들도 있다. 하지만 나는 내 기억이 정확하지는 않더라도 과거에 내가 노력했다는 사실만큼은 기억하려고 한다.

지금의 내가 학생들에게 A를 설명한다고 하자. 이럴 때 나는 'A를 배우는 과정에서 저질렀던 실수'를 디테일하게 떠올리지는 못하더라도 'A를 배우는 데 시간이 오래 걸렸다'든가 'A를 배우기가 쉽지 않았다'는 사실 정도는 기억해내려고 한다. 나의 과거를 징검다리 삼아 현재까지 왔다는 사실을 기억할 수 있다면 완벽해 보이는 가면을 쓸 필요도, 완벽한 모습을 유지하기 위해 불안에 떨 필요도 없으리라 믿는다.

피드백을 두려워하는 임포스터

완벽주의자는 완벽해지기 전까지는 자기 모습을 절대로 드러내지 않으려고 한다. 나에게 한국말을 완벽하게 구사하고 싶은 욕심이 있다고 하자. 하지만 누군가에게 한국어로 말을 걸기에는 실력이 많이 떨어진다. 잘 못한다는 두려움이 커져 한국어 대화를 기피하게 되면 완벽과는 점점 더 거리가 멀어지고 결국 한국어를 포기하게 된다.

상황이 반대로 흘러갈 수도 있다. 부족한 대로 지금의 내 실력을 있는 그대로 내보이게 되면, 사람들과 한국어로 대화할 수 있는 기회도 점점 늘어날 것이다. 그리고 사람들로부터 실수에 대한 피드백을 듣게 되면 내 한국어 실력도 향상되어 완벽에 더 가까워질 것이다.

나는 《메타인지 학습법》에서 실패할 기회를 만들라고 여러 번 주장했었다. 이번에도 나는 '실수했던 과정을 기억하라'고 강조하고 싶다. 그렇다면 실수하는 것은 왜 중요할까? 사실 실수 자체는 중요하지 않다. 만약 내가 한국어 발음을 틀리고도 그냥 지나쳐버린다면 그 실수는 학습에 전혀 도움이 되지 않는다. 실수보다 더 중요하게 생각해야 할 것은 실수 후의 피드백이다. 피드백을 들어야 내 발음을 개선할 수 있고, 관련된 새 단어를 배울 때도 도움을 얻을 수 있다.

하지만 임포스터들은 피드백을 피하려고 한다. 완벽하지 않은 자기 모습을 들키는 것이 너무나 두렵기 때문이다. 나 역시 피드백 받는 것에 대한 두려움을 완전히 극복한 것은 아니다. 내 한국어 실력이 꽤 괜찮다는 칭찬을 듣고 나면, 그다음 한국인과의 대화에서 행여라도 실수를 하게 되어 예전의 칭찬이 무색해지는 건 아닐까 두렵다. "얘기 들었던 것만큼 그렇게 잘하는 건 아니네!"라는 말을 들을까 봐 말이다.

그러나 이런 두려움을 떨쳐내기 위해 나는 더 적극적으로 한국어로 대화하려고 한다. 내 한국어 구사력이 지금 수준으로 향상될 수 있었던 것은 내 실수에 대한 사람들의 피드백 덕분이다. 과거의 초라했던 한국어 실력을 무시한 채 "원래 이 정도 실력은 있었는걸" 하고 스스로를 속였다면, 지금껏 나는 한국어를 잘하는 척하는 임포스터로 살고 있었을 것이다.

학습내용을 내 것으로 다지려면 실수에 대한 피드백을 기억하는 것이 중요하다. 하지만 고정형 사고방식을 가진 사람들은 피드백을 무시하는 경향이 있다. 그들은 실력은 타고나는 것이라고 믿기 때문에 노력해봐야 아무 소용이 없다고 믿는다. 게다가 실력은 변하지 않기 때문에 실수나 피드백도 중요하지 않다고 여길 수 있다.

한편 성장형 사고방식을 가진 사람들은 실력은 얼마든지 개선되거나 향상될 수 있다고 믿기 때문에 노력과 피드백을 중요하게 여긴다. 실험결과들을 보면, 실력은 향상될 수 있다고 믿는 이들이 피드백에 더 집중하고 학습목표도 자기 수준에 잘 맞게 설정하는 경향을 보였다. 예를 들어 고정형 사고방식을 가진 학생과 성장형 사고방식을 가진 학생들이 에세이를 쓸 경우, 성장형 사고방식을 가진 학생들이 선생님의 첨삭을 더 많이 참고하여 에세이를 수정했다.

완벽한 모습을 유지하기 위해 뼈빠지게 노력하는 임포스터들을 보면 그들도 '노력으로 실력이 향상될 수 있다'고 믿는 성장형 사고방식의 사람들이 아닐까 생각할지도 모른다. 하지만 임포스터들은 고정형 사고방식에 더 가까운 행동양상을 보인다. 고정형 사고방식을 지닌 사람들이 노력해봐야 아무 소용이 없다는 생각 때문에 피드백을 기피한다면, 임포스터들은 분투하고 애먹었던 과정을 숨기기 위해 피드백을 피하려고 한다. 결과적으로는 두 유형다 학습에서 멀어질 수밖에 없다. 특히 임포스터들은 완벽하게 보여야 한다는 압박감 때문에 혼자서 지나치게 노력하게 되고, 그렇게 애쓰고 노력한 사실을 들킬까 봐 늘 전전긍긍하게 된다.

나는 학생들 가운데도 임포스터가 많을 거라 생각한다. 학생들은 똑똑함을 완벽함과 동일시한다. 그래서 숙제를 완성하기 전까지 숙제를 남에게 내보이는 법이 없고 첨삭을 받는 것도 싫어한다. 자신이 '타고난 영재'가 아니란 사실을 들킬까 봐 스트레스에 시달리고, 완성 못한 숙제는 아예 제출하지 않는다. 이런 학생들에게는 다음의 방법이 도움이 될 것이다.

먼저 숙제를 작은 목표 단위로 쪼갠다. 예를 들어 논문을 써야한다면 아웃라인을 작성한 뒤 정리되지 않은 생각이라도 일단 기술해본다. 적은 내용을 사람들에게 내보여서 얻은 피드백들은 더나은 결과를 얻는 데 도움이 될 것이다. 이렇게 학생들이 학습결과가 아닌 '학습곡선'에 관심을 가진다면 조금씩 가면 쓰기에서 벗어날 수 있으리라 믿는다.

메타인지의 관점에서 '포기'가 필요할 때

임포스터들은 포기가 곧 실패이자 가면을 들키는 사건이라고 생각해서, 포기가 자신을 위해 더 나은 선택이 되는 상황에서도 쉽게 포기를 못한 채 괜한 시간과 에너지만 낭비할 때가 있다.

고등학교 때 나는 올림픽스 오브 더 마인드Olympics of the Mind라는 연합동아리 회원으로 활동했다. 한번은 여러 학교의 동아리 학생들이 각각 팀을 짜서 그리스로마신화 연극 경연을 벌인 적이 있었다. 나는 경연을 즐기면서도 내심 우리 팀이 제일 좋은 성적을 내길 바랐다. 연극을 준비하면서 각자 맡을 역할이 정해졌는데, 당시 내가 담당했던 파트는 무대배경 그리기였다. 몇 주에 걸쳐 회의가 진행되는 동안 나는 팀원들에게 아무 말도 하지 않았다. 그리고 집에 돌아가 혼자 열심히 아이디어를 구상하고 무대배경을 그렸다.

친구들에게 아무런 피드백도 받지 않고 혼자 끙끙댔던 것이다. 무대배경을 그리는 동안에는 아무도 날 건드리지 못했다. 가족들조차 내 공간에 발을 들이지 못하게 했다.

혼자 열심히 만든 무대배경을 학교에 가져간 날, 나는 회의가 끝날 때까지 조용히 앉아 있었다. 그리고 마지막 순간에 선생님이 "리사는 뭘 만들었니?" 하고 물었을 때, 나는 내심 완벽하게 준비했다고 생각한 무대배경을 천천히 펼쳐 보였다. 그림을 본 사람들은 내 그림이 너무나 근사하다며 감탄사를 연발했다. 경연 당일 행사장에 도착해서 다른 팀의 무대배경을 보고 난 뒤에야 나는 내가 얼마나 진을 빼며 고군분투했는지 알게 되었다. 커다란 종이에 다채로운 색감으로 정성 들여 그려낸 내 그림과 달리, 다른 팀들의 무대배경은 5분 만에 연필로 대충 스케치한 것 같은 그림들이었던 것이다.

문제는 다음 번 경연이었다. 지난 경연에서 보여줬던 완벽함을 어떻게든 또 증명해 보여야 한다는 생각에 나는 엄청난 압박감에 시달렸다. 나를 바라보는 팀원들의 눈길은 기대로 가득했다. "리사, 이번에도 멋진 작품 부탁해!" 나는 어떻게든 또 해내야 했다. 그러나 이번에는 그림 주제도 달라진 데다 전보다 더 완벽하게 만들어야 한다는 압박감까지 더해졌다. 마감일까지 계속 작업을 미루는 사태가 벌어졌다.

결국 마감일 직전이 되어서야 울며 겨자 먹기로 그림 그리기에 착수했다. 나는 붓질을 하면서 엉엉 울었다. 내 모습을 딱하게 지켜보던 엄마가 "대충 해도 돼!" 하고 도닥여주었지만 내 사전에 대충이란 없었다. 대충이라니, 나로서는 결코 용납할 수 없는 단어였다. 결국 무대배경을 너무 크게 만드는 바람에 그림을 조각조각 나누어 싣고 경연장에 가야 했다.

돌이켜보면 당시의 나는 임포스터에 완벽하게 부합하는 사람이었다. 만약 당시에 내가 팀원들에게 도움을 요청했거나, 중도에 피드백을 받았더라면 그토록 중압감에 시달리지는 않았을 것이다. 또다시 무대배경을 그려달라는 부탁을 받았을 때 "이번엔 못할 것 같아"라고 거절만 했어도 이토록 무거운 부담감에 짓눌리지 않았을 것이다.

◆ 피드백에 따라
    학습전략을 조절하는 능력

혼자 그려야 하는 상황을 피할 수 없다면 "시간이 촉박하니 이번에는 좀 작게 그려볼게"라고 내 수준에서 가능한 대안을 제시했어도 좋았을 것이다. 아니면 과거의 경험과 피드백을 토대로 당시 상황에서 더 현실적인 방안을 선택할 수도 있었을 것이다. "이 정도 크기로 그림을 그리고 싶은데 혹시 사이즈가 너무 큰 걸까?"라고 팀원들에게 물어보았다면, 친구나 선생님이 "가능하면 좀 작게 해보자"라고 피드백을 주었을 것이다. 그리고 나는 피드백을 고려해 그림을 그렸을 것이다.

하지만 당시 내 마음속에는 '나는 역시 실력이 부족해' '이전의 성공은 순전히 운이었어'라는 믿음이 짙게 깔려 있었고, 내 진짜 실력이 들통날까 봐 사람들에게 어떤 도움도 청할 수 없었다. 당시의 내 행동은 임포스터들이나 고정형 사고방식을 지닌 사람들이 보여주는 행동과 다를 바가 없었다.

우리 연구진이 이와 관련해 흥미로운 심리학 실험을 한 적이 있다. 연구진은 참가자들에게 두 개의 가짜 논문을 읽게 했다. 과학적인 논문처럼 보이기 위해, 두 논문에 다른 연구자들이 실제로 사용했던 제목을 붙여두었다. 한 논문은 고정이론에 관한 것으로 '모차르트와 아인슈타인의 천재성은 타고난 것'이라는 내용이었다. 또한 논문은 성장이론에 관한 것으로 '레오나르도 다빈치와 아인슈타인의 천재성은 도전적 환경 속에서 만들어졌으며, 그들의 천재성은 유전적 구조와는 별로 관련이 없다'는 내용이었다.

연구진은 논문을 읽은 참가자들을 두 집단으로 나눈 뒤, 두 가지 활동을 하게 했다. 활동을 수행한 후에는 곧바로 피드백이 주어졌다. 한 가지 활동은 '실수할 가능성이 있는 어려운 퀴즈 풀기'로 '왼쪽에서 오른쪽 순서로 올림픽 오륜기의 색깔을 말하시오' 같은 퀴즈가 제시되었다. 나머지 활동은 '실수할 가능성이 없는 쉬운 퀴즈 풀기'로 '세계에서 인구가 가장 많은 나라는?' 같은 퀴즈가 제시되었다. 퀴즈를 푼 참가자들에게는 응답 결과에 따라 '모두 정답' 아니면 '모두 오답'이라는 피드백이 주어졌다.

두 피드백 가운데 하나를 받은 참가자들에게 연구진은 다음과 같은 선택지를 제시했다. "비슷한 퀴즈를 하나 더 제시할 텐데 당신은 쉬운 문제를 풀겠습니까, 어려운 문제를 풀겠습니까?" 참가자들이 문제의 난이도를 자발적으로 선택할 수 있게 한 것이다. 고정이론에 관한 논문을 읽었던 참가자들은 피드백을 무시한 채 과거와 같은 선택을 했다. 결정 과정에서 메타인지를 발휘하지 않은 것이다.

반면 성장이론에 관한 논문을 읽었던 참가자들은 자신이 받았던 피드백에 따라 선택을 달리했다. '모두 정답'이라는 피드백을 받은 학생들은 어려운 질문에 도전했고 '모두 오답'이라는 피드백을 받은 학생들은 쉬운 질문을 선택했다. 문제가 너무 어려우니 난이도를 조금 낮춰보겠다는 전략을 택한 것이다. 이 선택은 언뜻 보기에 포기처럼 느껴질 수 있지만 사실은 그렇지 않다. 그들은 과거의 피드백을 통해 자신의 실력을 가늠해보고 자기 수준에 맞게 도전 방향을 수정한 것이다.

사람들은 임포스터 학생들의 겉모습만 보고 "포기할 줄 모른다"고 긍정적으로 평가할 수도 있다. 하지만 앞서의 실험에서 봤듯 그것은 메타인지를 사용하지 않는 상황의 반영일 수 있다. 이런 성향의 학생들에게는 메타인지를 활용해서 판단을 내릴 수 있도록 도움을 줘야 한다. 메타인지는 목표를 향해 무조건 전진하는 능력이 아니라 지속적으로 피드백을 받으면서 학습전략을 조절하는 능력이기 때문이다.

가면을
대물림하지 않으려면…

노력하는 과정조차 완벽해야 한다는 믿음이 있을 때 임포스터이 즘은 악화될 수 있다. 기준이 완벽함에 맞춰져 있으면 실수할 가능 성도 더 높아지기 때문이다. 사실 실수보다 더 문제가 되는 것은, 실수를 숨겨야 한다고 느껴서 '처음부터 다 알고 있던 사람처럼' 가면을 쓰고 행동하는 일이다.

임포스터는 실수를 인정하는 법을 잘 모르기 때문에 누군가 실 수를 지적하면 가면 속 모습을 들켰다고 생각한다. 그래서 임포스 터 성향이 있는 학부모는 자녀가 학습과정에서 조금만 실패하는 모습을 보여도 차라리 포기하는 게 낫다고 여긴다. 자녀의 완벽하 지 않은 모습을 다른 사람들에게 들킬까 봐 불안해하기 때문이다.

이러한 문제는 부모와 자녀 혹은 교사와 학생 사이에서도 많이 일어난다. 나도 딸아이가 어려서부터 워낙 조용하고 숫기가 없어 장차 활동적인 직업을 갖는 건 어렵겠다고 판단했던 적이 있다. 아이는 S 발음도 서툴러서 자기 이름(세린)조차 제대로 발음하지 못했다. 딸아이에게 이름을 물어보는 사람들이 세린이가 말 더듬는 걸 눈치챌까 봐 나는 내심 조마조마했다. 하지만 문제를 덮어두려고만 하지 않고 용기를 내어 아이와 함께 치료를 받기로 결심했다. 언어치료를 병행하면서 세린이도 서서히 말문이 트이기 시작했다.

이 경험을 통해 나는 한 가지 교훈을 깨닫게 되었다. 나는 이제까지 임포스터로 살아왔기 때문에 '재능을 타고난 척' 가면을 쓰는 일이 익숙했지만 내 아이는 그렇지 않다는 것이었다. 내가 만일 세린이의 언어 지체를 인정하지 않고 세린이에게 '완벽해 보이는 가면'을 쓰게 했다면 세린이는 지금까지도 말하기를 어려워했을지 모른다. 처음부터 완벽한 모습만 보여주려 했다면 아이는 자신의 문제를 직면하기보다 더 두꺼운 가면 뒤에 숨으려고 했을 것이다.

요즘 나는 아이들과 장래희망에 관해 많은 이야기를 주고받는다. 중학생인 딸아이가 특별히 어떤 직업을 가졌으면 하고 바라는 건 없다. 다만 실패를 경험하더라도 주변으로부터 계속 피드백을 받을 수 있고 메타인지를 성장시킬 수 있는 일터에서 일할 수 있기를 바랄 뿐이다. 세린이는 가끔 자신이 말 잘하는 능력을 타고났으면 얼마나 좋았을까, 하고 얘기할 때가 있다. 그때마다 나는 "언어 치료 과정은 고생스러웠지만 이러한 과정을 통해 네가 더 성장할 수 있었잖아. 그 경험을 바탕으로 네가 다른 누군가에게 도움을 주는 어른으로 성장할 수 있으면 좋겠어"라고 말해준다.

나는 내 자신이 임포스터로 살아왔다고 해서 내 아이까지 임포스터로 살게 하고 싶지는 않다. 학습과정에서 실수하고 좌절했던 경험들은 아이의 성장에 꼭 필요한 자양분이다. 우리는 각자의 속도로 삶을 꾸려나가며, 배우는 속도도 저마다 다르다. 남들과 같은 속도로 혹은 남들보다 더 빠르게 배워야 할 필요도 없거니와 남들에게 완벽한 모습을 보여줘야 할 의무도 없다. 그런 이유로 나는 내 아이들에게 자신을 신뢰하고 메타인지를 키울 수 있는 학습방법을 가르치려고 한다.

신입생들이 임포스터가 될
위험성이 높은 이유

새 학기가 시작되면 부모는 아이가 학교생활에 잘 적응할 수 있을 까 걱정이 되기 시작한다. 적응이란 주어진 환경에 맞춰 잘 살아가는 것이다. 또 학교라는 환경 안에서 다른 친구들과 조화롭게 어울려 생활해나가는 일이기도 하다. 아이마다 적응하는 속도는 천차만별이다. 처음부터 수월하게 적응하는 아이가 있는가 하면, 적응이 더뎌 시간이 많이 필요한 아이도 있다.

적응의 속도에는 정답이 없음에도 불구하고 부모들은 자녀가 학교환경에 빠르게 스며들지 못하면 아이에게 뭔가 문제가 있는 거라고 여긴다. 부모의 이런 불안을 눈치챈 아이들은 적응을 잘 하는 척 가면을 쓰려고 한다. 공부도 잘 하고 대인관계도 잘 하는 학생이 되기 위해 부모 앞에서 자기를 가장한다.

오랜 교편생활을 통해 알게 된 사실이 하나 있다. 임포스터이즘에 가장 취약한 학생들이 바로 대학 새내기들이라는 것이다. 대학 신입생을 대상으로 진행한 어느 실험에 따르면, 이제 막 고등학교를 졸업하고 원하는 대학에 입학한, 이른바 성공한 학생들은 앞으로도 성공하는 모습만 보여주어야 한다는 부담감 때문에 불안을 더 많이 느끼는 것으로 드러났다. 뿐만 아니라 자신은 그저 운이 좋아서 대학에 합격할 수 있었다고 믿는 경향이 더 강했다.

신입생들만 참석하는 수업시간 말미에 나는 항상 학생들에게 배운 내용을 다 이해했느냐고 묻곤 한다. 그럼 대부분의 학생들이 그렇다고 답한다. 처음 접하는 내용이라 완벽하게 이해했을 리가 없는데도, 새로 배운 내용에 대해 질문하는 학생이 거의 없다. 말로는 수업내용을 다 이해했다고 하지만 정말로 그럴까? "이해를 못 했다, 잘 모르겠다"는 말은 임포스터에게는 치명적인 자백이 될 수 있다. 나는 이 자리에 앉아 있을 자격이 없는 사람이란 사실을 스스로 증명하는 꼴이기 때문이다.

임포스터이즘은 신입생뿐만 아니라 새롭게 일을 시작한 사람들에게서도 많이 나타난다. 사람들의 기대 수준에 맞는 성과를 내지 못하면 자신의 실력이 들통날 것을 두려워해 초기 적응 과정에서 '완벽해 보이는 가면'을 쓰려고 한다. 이때 '잘 적응하는 척하는' 가면을 쓰게 되면 자신이 맡은 책임과 역할을 완벽하게 수행하고 있다는 착각에 빠진다. 이 가면을 쓴 사람은 타인으로부터 "이 분야에 타고난 재능이 있으신가 봐요"라는 인정을 받는 순간 들키지 않았다는 생각에 잠시 안도하나, 이내 실수하는 모습을 보이게 될까 봐 전전긍긍하게 되고 전보다 더 가면 쓰기에 집착하게 된다.

◆ **행복에 걸림돌이 되는 완벽주의**

미국에서 교포로 살아왔던 나는 유독 영어에 대한 임포스터이즘이 심했다. 영어를 유창하게 하는 모습만 보여주려고 하니 준비가 되어 있지 않으면 입을 떼기가 어려웠다. 입을 여는 순간 내 진짜 영어 실력이 들통날 것 같아서 가능하면 사람들과도 말을 섞지 않으려 했다. 뭔가를 배울 때도 모든 내용을 다 이해한 사람처럼 행동했다.

성적이 좋은 데다 학교 적응도 빨랐던 나를 보고 사람들은 "언어능력을 타고난 모양이네" "영어권 문화에 정말 적응을 잘하는구나"라며 칭찬을 쏟아냈다. 남들 눈에 나는 뭐든 척척 잘 하고 적응도 빠른 아이로 보였지만, 정작 나 자신은 영어 세상에 적응하느라 속으로 혼자 끙끙대고 있었다. 미국에서 태어났지만 동양인으로 살아야 했던 나는 '완벽한 미국인'이 되지 못하면 어쩐지 사람들로부터 심한 질책을 들을 것만 같았다.

미국에 이민 온 나 같은 동양인들은 대개 고달프고 고통스러웠던 적응 과정을 이면에 숨긴 채 '완벽한 사람'처럼 행동한다. 씩씩하고 긍정적인 모습을 보여줘야 미국에 살 자격이 있다고 느끼기 때문이다.

미국에서 동양계 미국인들이 '모범적 소수자Model Minority'로 불렸던 시절이 있었다. 모범적 소수자란, 1950년대에 미국 내 중국계 사람들이 경제적으로 성공하는 모습을 본 미국인들이, 다른 소수민족들에 비해 더 성공적으로 적응한 동양계를 일반화하여 붙인 이름이다. 동양계 미국인들은 특유의 임포스터이즘으로 미국 땅에 성공적으로 적응하는 듯 보였고, 실제로 학업이나 경제, 문화 영역에서 뚜렷한 성과를 드러내었다.

'모범적 소수자'라는 용어는 미국 내 동양인들에게 찬사가 될수도 있지만, 족쇄로 작용할 때가 더 많은 듯하다. 동양인들이 미국에 적응하기 위해 지금까지 겪어온 실패와 좌절의 역사를 말끔히 지워버리고, 처음부터 적응을 잘했던 민족이라는 식의 고정관념을 세상에 심어준 것이다. 이런 고정관념 때문에 원래부터도 힘든 내색 없이 열심히 일하기로 유명한 동양인들은 더욱더 완벽주의에 이끌리게 되었고, 이런 '완벽해 보이는 가면'은 이들의 진정한 행복을 방해하는 걸림돌이 되었다.

미국 내 동양인들은 다른 인종에 비해 많은 수가 일류 대학을 졸업하고 기업에 성공적으로 취직한다. 하지만 뛰어난 실력과 전문성, 높은 성실성에도 불구하고 미국 기업들에서 최고경영진의 자리에 오르는 동양인들은 손에 꼽을 정도다. '대나무 천장Bamboo

Ceiling'은 이처럼 미국 내 동양인들의 고위직 상승을 막는 보이지 않는 장벽을 일컫는 말이다. 한 연구에서는 동양인들 특유의 겸허한 행동과 조화를 추구하는 태도, 자기 의견을 내세우지 않는 조용한 특성이 기업 내 승진을 방해하는 걸림돌이 될 수 있다고 분석했다. 강한 자기주장성을 좋은 리더의 자질로 보는 미국의 기업문화 속에서, 동양인들이 쓰는 '조용한 가면'이 승진에는 불리함으로 작용한다는 의미다.

나는 이 문제를 너무나 잘 이해하고 있다. 미국에서 마이너리티로 살아가는 동양인들에게 '조용한 가면'은 일종의 생존방식이기 때문이다. 일 잘하고 실력도 뛰어나지만 미국인들에게 '위협적인 적'이 되어서는 안 되는 동양인들은 미국인 수준의 자기주장성을 내보이는 것이 자신에게는 더 위험한 일로 느껴질 수 있을 듯하다. 나 역시도 그랬다. 조용하고 순응적인 사람으로 보여야, 미국 사람들이 나를 좋아해주고 나를 보통의 미국인으로 여겨줄 것 같았다. 조용한 가면이 곧 성공에 유리한 길이라고 생각한 것이다.

'이미 다 알고 있다'는 생각은 착각이다

나는 미국에 있을 때는 원래부터 미국 사람이었던 것처럼 행동하고, 한국에 있을 때는 원래부터 한국 사람이었던 것처럼 행동했다. 영어를 잘한다는 이유로 사람들의 부러움을 살 때마다 나는 속으로 안도했다. 영어를 잘 못했던 과거를 들키지 않기 위해 "미국에 살면서 자연스럽게 익혔다"고 얘기하곤 했다. 엉터리 영어 때문에 자신 없어 하던 어린 시절의 나, 에세이 쓰는 게 너무 어려워 엉엉 울음을 쏟아냈던 고등학생 시절의 나, 그리고 논문을 100번 가까이 고쳐 내야 했던 박사과정 시절의 나는 모두 가면 뒤에 숨겨져 있었다.

이런 가면은 때때로 우리가 정말로 '이미 다 알고 있다'는 착각에 빠지게 만들기도 한다. 원래부터 능숙한 사람처럼 보여야 한다는 압박감이 가면이 되어 자신이 정말로 그런 사람인 양 믿게 되는 것이다. 또한 많이 배운 전문가들일수록 '나는 다 알고 있다'는 생각 때문에 더 면밀하게 연구하지 않게 되며 자기과신의 성향이 더 강해진다. 때문에 메타인지 판단도 더 약해질 수 있다.

한 실험에서 연구자는 실험참가자들에게 정신질환자에 관한 정보를 네 단계에 걸쳐 제공했다. 참가자들은 단계별로 새 정보를 습득한 뒤, 그 정보들과 관련된 시험을 치렀고, 시험을 얼마나 잘 봤는지에 대한 자기평가를 동시에 하도록 했다. 실험결과 단계별 시험점수에서는 별 차이가 나지 않았다. 하지만 시험점수에 대한 자신감 면에서는 흥미로운 결과가 관찰되었다. 단계가 올라갈수록 참가자들의 자신감이 점점 상승한 것이다.

이는 과신의 결과였다. 이전 단계와 유사한 내용을 학습할 경우, 우리는 처음부터 다시 배우려고 하지 않는다. 이미 알고 있는 내용을 또 익히는 것은 비효율적이라고 여기기 때문이다. 그러나 '이미 다 알고 있다'는 생각은 착각에 불과하다. 과신은 지금의 학습이 쉽다는 착각을 일으키고, 더이상 공부가 필요하지 않다는 느낌을 불러일으킨다.

◆ 새로운 정보의
   수용을 방해하는 과신

뉴욕에서 대학원을 다니던 시절, 지하철을 타본 적이 별로 없었던 나는 지하철을 어떻게 타야 하는지 몰라 아주 가끔씩만 지하철을 이용했다. 뉴욕에 거주하고 8년이 지났을 무렵, 나는 미국 방문이 처음인 대만인 친구를 데리고 뉴욕 구석구석을 돌아다녔다. 그즈음에 지하철 타는 것에 익숙해져서 나는 한껏 의기양양해져 있었다.

룸메이트와 함께 지하철을 타고 가던 중 안내방송이 흘러나왔고, 친구는 우리가 다음 정거장에서 내려야 한다고 했다. 목적지까지 두 정거장이나 더 남아 있다는 사실을 확인한 나는 지하철은 내가 더 많이 타봤으니 나만 믿으라며 친구의 말을 무시했다.

알고 보니 그 안내방송은 지하철 공사로 인해 우리 목적지를 무정차 통과할 거라는 내용이었고, 내려야 할 역을 지나치고 나서야 친구의 말이 옳았음을 인정할 수 있었다. 룸메이트보다 뉴욕에 조금 더 살아봤다는 이유로 나는 뉴욕에 대해 모르는 게 없다고 착각했던 것이다.

이렇게 '이미 다 알고 있다'는 착각은 내가 알고 있는 정보를 과신하게 만들고 새로운 정보의 수용을 방해한다. 임포스터는 새로운 정보를 받아들이지 않으려는 경향성으로 인해 새로운 학습의 기회를 놓칠 수 있다. 서툴고 미숙한 모습을 감추려는 임포스터이즘의 사고회로가 성장의 기회를 앗아가는 것이다. 이 악순환에서 빠져나오려면 학습의 효율성을 따지기보다 새로 배우기를 망설이지 않는 자세가 필요하다. 학습과정에서 흠 없이 완성된 상태란 존재하지 않기 때문이다.

일찍 철든 아이에게
필요한 말 한마디

정해진 역할에 따라야 한다고 생각하는 순간 있는 그대로의 자아는 억눌리게 마련이다. 가령 멋진 뉴요커는 지하철 타는 법을 다 꿰고 있어야 하고, 천재 같은 학생은 처음부터 모르는 게 없었던 것처럼 굴어야 하며, 장녀는 어리광을 피우던 어린 시절에서 재빨리 빠져나와 어른스럽게 행동해야 한다. 이러한 역할놀이에 익숙해지려면 어쩔 수 없이 자기 내면의 욕구를 억누를 수밖에 없다.

최근에 나는 아이들과 함께 제임스 반스 마셜^{James Vance Marshall}의 소설 《워커바웃^{Walkabout}–사막 도보여행》을 읽었다. 이 책의 주인공인 누나 메리와 남동생 피터는 어쩐지 우리 아이들과 비슷한 구석이 많았다. 메리와 피터는 비행기 여행 도중 호주 사막 한복판에 추락하게 된다. 둘은 사막을 걷다가 통과의례를 위해 홀로 사막을 여행 중이던 호주 원주민 소년을 만난다.

그런데 소설의 한 대목이 나를 깊은 상념에 빠져들게 했다. 메리가 스스로 '장녀답게, 누나답게' 행동해야 한다고 생각해서 감정을 꾹 누르는 장면이었다. 웃고 떠들며 놀고 싶은데도 그러지 못하는 메리가 이상하게 마음에 걸렸다.

사막에서 만난 원주민 소년과 남매는 함께 길을 떠나게 되는데, 소년과 동생 피터는 뭐가 그리 신나는지 걷는 내내 서로 장난을 치며 웃고 떠든다. 하지만 "누나 메리는 그들을 지켜보기만 할 뿐 함께 어울려 놀거나 웃지 않았다. 아니 못했다. 메리도 분명 동생들과 놀고 싶었을 텐데. 1년 전 말괄량이처럼 뛰어놀던 메리는 지금의 메리와는 사뭇 달랐을 것이다."

하지만 부쩍 어른스러워진 지금의 메리는 스스로 현명하게 판단할 줄 알아야 한다고 느낀다. 아이들과 함께 뛰어놀고 싶은 본능을 억눌러야만 하는 것이다. 소년과 피터의 놀이가 끝날 때까지 멀찍이서 초연한 자세로 기다리던 메리는 결국 피터의 손을 잡아끌었다. "이제 그만하고 가자, 피터."

이 대목에서 내 딸아이가 떠올라 딸에게 이렇게 얘기해주었다. "너는 엄마한테는 큰딸이고 기욱한테는 누나지만, 그런 거에 상관없이 네가 웃고 싶을 때는 웃고 울고 싶을 때는 울어도 돼. 네 감정을 숨기거나 참을 필요는 없어." 감정을 억누르는 것은 어른에게도 힘든 일임을 알기에 나는 아이에게 그런 괴로움을 지워주고 싶지 않았다. 또 세린이에게는 딸이나 누나처럼 태어나면서 저절로 주어지는 역할보다 자기가 맡고 싶은 역할이 더 많을 것이므로, 아이를 특정 역할에만 가둬서는 안 된다고 생각했다. 하나의 역할 가면을 쓰게 되면 행동에 제약이 생겨나고, 장차 걸어갈 수 있는 길도 줄어들 수 있다.

◆ 아이들이 고정된 역할에 익숙해지지 않도록

"'넌 커서 뭐가 되고 싶니?'란 질문은 어른이 아이에게 던질 수 있는 가장 무가치한 질문이라고 생각해요. 어른이 되거나 꿈을 이루면 인생이 다 끝나는 것처럼 들릴 수 있으니까요" 여기 미셸 오바마의 말처럼 "드디어 해냈구나. 목표를 달성했으니 이제 다 된 거야"라는 말은, 앞으로는 더 공부하거나 노력할 필요가 없어, 라는 의미로 들릴 수 있어 위험하다.

역할 가면을 하나만 써야 한다고 믿게 되면, 그 역할에서 벗어나는 행동을 하기가 무척 어려워진다. 익숙한 역할 가면에서 벗어나는 데는 엄청난 용기가 필요하다. 나 또한 집안에서는 장녀로, 사회에서는 모범적 소수자로 오랜 세월을 살아왔다. 가면을 쓰는 것이 어렵지는 않았다. 특히 큰딸이라는 역할에는 빨리 익숙해졌다. 아기였던 동생을 돌보는 것이 좋았고, 빨리 자라 엄마가 되고 싶은 소망도 있었기 때문이다. 이런 나를 보며 사람들은 "리사는 태어나자마자 어른이었던 것 같아"라고 얘기하곤 했다.

시간이 흐를수록 이러한 역할에 점점 더 익숙해진 탓일까? 나중에는 나 자신이 태어날 때부터 어른스러운 아이였던 것처럼 느껴졌다. 나는 원래 맏이로 태어난 걸 좋아하지도 않았고 언니가 있으면 좋겠다고 부모님께 어리광을 피우던 아이였지만, 자라면서 철없던 어린 시절의 나는 완전히 사라지고 말았다.

내가 중학생이었을 때, 미국에 사는 한국 교포 이웃들과 스키 여행을 간 적이 있다. 낮에는 신나게 스키를 타고 저녁이 되어 엄마들이 맛있는 저녁 요리를 준비하는 동안, 아이들은 보드게임을 하며 놀았다. 배불리 저녁을 먹고 나자 한 엄마가 아이들을 보고 물었다. "여기서 가장 큰언니가 누구지? 그릇도 치우고 설거지도 해야 하니 빨리 와서 좀 도우렴."

여자아이들 가운데 내가 가장 맏이란 걸 눈치챈 나는 바쁘게 뛰어다니며 접시를 치우기 시작했다. 보드게임 하는 아이들을 보며 같이 끼어 놀고 싶었지만 차마 내색할 수가 없었다. 큰언니이자 맏딸이었기 때문에 나는 당연히 엄마들을 도와야 한다고 생각했다. 그런 나를 보며 어른들은 순종적이고 착한 딸이라고 칭찬했다.

맏딸 가면을 쓰고 생활하는 것이 나쁘지는 않았지만, 너무나도 완벽하게 가면을 썼던 탓에 맏딸이 아닌 다른 역할은 잘 해내지 못했다. 모든 걸 혼자 도맡아 하는 데는 능숙했지만 다른 누군가와 협업하는 법은 배우지 못한 것이다. 사람들 속에서 내 의견을 주장하는 방법도 잘 몰라서 그룹프로젝트를 할 때 어떻게 행동해야 할지 막막했다. 팀원들이 "이렇게 해볼까?"라고 의견을 물어오면 무조건 다 좋다고 했다. 전형적인 착한 딸의 모습이었다.

　다른 학생들이 시키는 것에 불평 없이 수긍만 하다 보니 늘 팀 내에서 가장 많은 일을 떠안는 사람이 되었다. 하기 싫은 마음이 있어도 거절할 용기가 나지 않아 결국에는 다 내 몫이 되었다. 남들에게 내 생각을 드러내지 않는 것이 더 편했던 나는 이것이 내 역할에 맞는 행동이라고, 나는 원래 이래야 한다고 생각했다.

　'나는 본래 이런 사람이야'라는 생각은 위험할 수 있다. 그 생각이 내 역할을 한계 지어버리기 때문이다. 어떠한 역할을 맡느냐보다 우리가 더 중요하게 생각해야 할 것은 내가 처한 상황을 올바로 파악하고 어떻게 그 상황에 맞게 행동할 것인가, 하는 것이다. 이것이 바로 메타인지다. 내가 메타인지를 느끼기도 전에 행동부터 해버리면 모니터링을 할 기회가 사라져버린다. '나 스스로 한번 판단해보는 과정'이야말로 가장 우선시되고 중시되어야 하는 과정인데, 이러한 자기판단의 과정 없이 행동하게 되면 가면을 쓸 확률이 높아진다.

착한 딸 가면을 쓴 아이가
완벽주의 엄마가 된다

자기 자신을 숨기고 맏딸 가면을 쓰는 자녀는 훗날 불안에 취약한 완벽주의 엄마가 될 가능성이 높다. 나도 한때는 '완벽하게 타고난 엄마'가 되기 위해 어떠한 실수도 저질러서는 안 된다고 생각한 적이 있었다. 그래서 어떤 실수든 숨기기 급급했고 실수를 틀킬까 봐 몹시 불안해하곤 했다. '조금씩 배워나가는 엄마'가 아닌 '타고난 엄마'가 되어야 한다고 생각하는 순간, 우리는 임포스터 엄마가 되고 아이들 또한 임포스터가 될 수 있다.

  나는 처음부터 임포스터 엄마였다. 어려서부터 가장 중요하게 생각한 것이 엄마가 되는 일이었기 때문에 내가 자격 있는 엄마란 사실을 증명해 보이고 싶었다. 나나 내 아이가 실수를 하면 엄마로서 자격이 없다는 소리를 들을 것 같아서 어떻게든 실수를 숨기려고 했다. 갓난아기를 키우는 엄마들은 대개 "애가 잠을 안 자서 밤을 꼬박 새웠다"며 피로를 호소하곤 한다. 하지만 나는 아이 때문에 피곤하다는 말을 입 밖에 낸 적이 없다. 아니 입 밖에 낼 수가 없었다. 임포스터 엄마였던 나는 엄마로서 좋은 모습만 보여줘야 한다고 믿어서 "우리 딸은 매일 여섯 시간씩 푹 자기 때문에 제가 피곤할 일이 없어요"라며 괜찮은 척 말하곤 했다.

내 아이도 자라면서 다른 아이들처럼 적잖이 실수를 저질렀다. 아이들의 실수를 감출 도리가 없을 때는 그나마 내 뜻대로 할 수 있는 내 감정이라도 숨겨야 했다. 아이들한테 힘들게 시달린 날에도 나는 "하나도 안 피곤하다"며 괜찮은 척했다. 그래야 좋은 엄마, 자격 있는 엄마처럼 보일 것 같아서였다. 주변 사람들로부터 '천성이 엄마'라는 칭찬을 들을 때마다 속으로 '좋은 엄마처럼 보이는 데 성공했어!'라고 환호했지만 이러한 기쁨도 잠시뿐이었다. 금세 가면 뒤 실체를 들킬 것 같은 불안함이 밀려들었다.

◆ **완벽한 엄마라는**
  가면으로부터 자유로워지는 법

내가 얼마나 불안해하며 살아왔는지를 보여주는 에피소드가 있다. 미국에서는 아기를 낳기 전에 베이비 샤워라는 작은 이벤트를 연다. 예비 엄마와 그 친구들이 함께 모여 곧 태어날 아기를 위한 선물을 주고받고 게임도 즐기는 일종의 축하모임이다. 베이비 샤워에서

하는 게임이 있는데, 나는 이 게임을 '들키기 게임'이라고 이름 붙였다. 게임을 하면서 가면 뒤 내 모습이 들통나는 것 같았기 때문이다.

게임의 룰은 다음과 같다. 여자들은 핸드백 안에 있는 소지품을 몽땅 꺼내놓아야 한다. 그런 다음 내가 소지한 물건에 다른 사람들이 점수를 매긴다. 높은 점수를 받을 수 있는 물건은 아기 기저귀, 유아용 휴지나 물티슈, 아기용 간식, 유아용 립밤, 휴대용 반짇고리, 아기가 아프거나 다칠 때를 대비한 아스피린이나 반창고, 아기 갈아입힐 옷, 아기에게 읽어줄 그림책 같은 것들이다. 아기를 위해 엄마로서 얼마나 준비가 잘되어 있는지를 평가할 수 있는 물건들인 셈이다.

지금은 세월이 흘러 꽤 숙련된 양육자가 되었지만 당시의 나는 육아에 대해 무지하기 짝이 없었다. 아이를 위한 가방이 왜 필요한지도 모를 정도로 가지고 다니는 육아용품이 없었다. 그래서 이 게임을 할 때마다 자꾸 자리를 피하고 싶었다. 게임을 하면 빵점을 맞을 게 뻔하고, 친구들로부터 "리사, 너는 엄마 자격이 없어!"라는 말을 들을까 봐 걱정이 되었다. 엄마로서 완벽하지 않다는 사실을 숨기고만 싶었다.

엄마가 된 후로 완벽한 엄마라는 가면으로부터 자유로워지는 법을 터득하게 되었다. 바로 내 아이들을 통해서다. 아이들이 배워나가는 과정을 보며 나는 나의 올챙이 시절을 소환할 수 있었다. 이제는 아이들이 실수하는 모습을 볼 때마다 이를 숨기려 하기보다 내가 저걸 처음 했을 때는 어땠었는지를 떠올리려고 한다. 딸 세린이를 보면서는 '나는 중학교 때 어떤 생각을 했었지?' 아들 기욱이를 보면서는 '나는 초등학생 때 저게 왜 어렵게 느껴졌을까?'를 생각하게 된다.

　이런 식의 성찰만으로도 아이에 대한 내 불안감이 누그러지고, 아이가 실수를 통해 뭔가를 배울 수 있기를 바라는 마음이 생겼다. 나 또한 처음부터 완벽하지는 않았다는 사실을 받아들이자 마음이 한결 편안해졌다. 무엇보다 이런 생각은 메타인지를 높이기 위한 나의 노력을 다시 떠올리게 해준다. 성인이 된 후로 나는 '어릴 적부터 특별히 잘하는 건 없고, 그저 운이 좋아 일이 잘 풀렸을 뿐'이라는 생각 때문에 항상 가면을 쓰고 다녔다. 그래서 늘 불안했다. 그러나 부족함 속에서도 노력을 통해 결국 해내고야 마는 내 아이들을 지켜보면서 나의 과거도 다시 돌아보게 되었다.

　아이들이 실수하고 극복해내는 과정을 보면서 나도 그저 '운'만으로 여기까지 온 것은 아니란 사실을 인정하게 되었다. 메타인지 모니터링을 실천하고 실수를 통해 컨트롤을 해오면서 이 자리까지 올 수 있었다는 걸 깨닫게 된 것이다. 시행착오를 겪으며 배워나가는 아이들의 모습이 내게 가면을 벗을 수 있는 용기를 주었다.

맞는 이유보다
틀린 이유 생각해보기

사후과잉확신편향으로 인해 우리는 어른이 되는 순간 웬만한 배움은 끝이 났다고 생각하는 경향이 있다. 올챙이 시절은 망각해버린 채 '타고난 부모' 혹은 '처음부터 유능했던 전문가'로 살아가길 바란다. 아이를 키우고 학생을 가르치는 일이 어려워지는 것도 그런 이유 때문이다. 메타인지와 관련된 편향들은 그 종류가 아주 많지만 나는 이 가운데 사후과잉확신편향이 제일 지독하다고 말하고 싶다.

어른들은 자신이 처음부터 잘하지 못했다는 사실을 드러내고 싶어 하지 않는다. 때문에 아이들 역시 '처음부터 나는 잘해야 하고 노력하고 애먹는 모습은 최대한 숨겨야 한다'고 믿는다. 어른의 임포스터이즘은 이러한 방식으로 아이에게 대물림될 수 있으므로 어른 쪽에서 먼저 가면을 벗는 것이 중요하다.

편향성 제거를 위한 많은 실험들이 진행되었지만 연구들 대부분이 실패로 돌아갔다. 그만큼 편향성을 제거하기가 쉽지 않다는 얘기다. 앞서 등장했던 새 그림 실험도 마찬가지다. 흐릿한 그림을 점점 더 선명한 형태로 보여준 뒤, 참가자들에게 어느 단계에서 새라고 알아차렸는지 묻자 참가자들 상당수가 실제보다 더 일찍 알아차렸다고 답했다. 착각이 일어난 것이다.

이와 유사한 다른 실험들에서도 참가자들 대부분이 "자신은 처음부터 다 알고 있었다"는 식으로 답했다. 이러한 실험결과들을 보면서 나는 사람들에게 과거를 회상하는 능력이 있지만 그 능력을 잘 활용하지는 않는다는 생각이 들었다. 어쩌면 개구리가 올챙이 시절을 생각 못 하는 것이 아니라 생각을 안 한다고 표현하는 게 더 적절하지 않을까 싶다.

'개구리 가면'은 나름 편한 구석이 있다. 나의 현재 모습만 생각하면서 과거의 실수를 잊게 해주기 때문이다. 편향과 관련된 연구들 가운데 그나마 편향 제거에 도움이 되었던 방법은 다음과 같다. 첫 번째는 반대로 생각하기다. 관련된 실험 하나를 살펴보자.

연구자는 실험참가자들에게 두 개의 보기 중 하나의 답을 선택하게 한 뒤 자신이 선택한 답이 왜 맞는지 혹은 왜 틀리는지를 설명하게 했다. 예를 들어 '한국어와 몽골어는 둘 다 (a) 알타이어족에 속한다 (b) 아니다' 중 하나를 선택한 후 이 답이 맞거나 틀리는

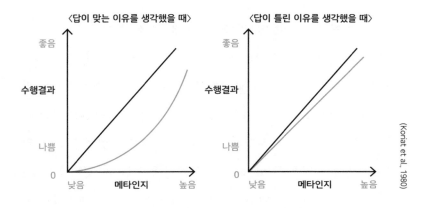

〈답이 맞는 이유를 생각했을 때〉　〈답이 틀린 이유를 생각했을 때〉

(Koriat et al., 1980)

답이 맞는 이유를 생각했을 때 자기과신 경향이 강하게 나타나고
메타인지는 낮게 측정된 반면, 답이 틀린 이유를 생각했을 때
자기과신 경향이 약하게 나타나고 메타인지는 높게 측정되었다.

이유를 생각해보게 한 것이다. 실험결과 스스로 고른 답이 왜 맞는
지에 대해 생각할 때보다 왜 틀렸는지에 대해 생각하게 했을 때 과
신하는 경향성이 줄어들었다.

◆ 반대로 생각하는
　 연습이 필요하다

사후과잉확신편향은 학습과정에서만 나타나는 현상은 아니다. 타
인에게 벌어진 일을 평가할 때에도 '처음부터 그럴 줄 알았다'는
착각이 일어난다. 일례로 바둑 대국에서 알파고가 이세돌을 이겼
을 때 "난 알파고가 이길 줄 알았다니까. 요즘 AI기술이 얼마나 발
전했는데!"라고 말하는 사람들이 그렇다. 이미 일어난 일에 대해

자기는 진작부터 알고 있었다는 듯이 얘기하는 것이다.

물론 사회적 이슈에 대해 개인적 견해를 밝히는 것은 큰 문제가 되지 않는다. 그러나 사후과잉확신편향이 사회적 범죄사건을 바라보는 관점으로 작용할 때는 심각한 문제가 될 수 있다. 이런 편향이 범죄사건의 피해자에게 책임을 전가시킬 위험을 키울 뿐만 아니라 사람들에게 '나에게는 그런 일이 일어날 리 없다'는 착각을 불러일으키기 때문이다. 이러한 상황에서 편향을 제거하기 위해서는 앞서 언급한 '반대로 생각하기'가 도움이 된다. 피해자 책임 전가와 관련된 한 연구를 살펴보면 꽤 흥미로운 사실을 알 수 있다.

연구진은 실험참가자들을 A, B그룹으로 나눈 뒤, A그룹에게는 피해자에게 왜 이런 일이 벌어졌는지를 생각하게 하고, B그룹에게는 피해자가 범죄의 타깃이 될 상황을 모면할 수도 있었을 경우에 대해 생각하게 했다. 실험결과 피해자가 되지 않을 수도 있었던 상황에 초점을 맞췄던 B그룹에서 피해자 책임 전가 현상이 더 적게 나타났다. 한편 피해자에게 왜 이런 일이 벌어졌는지를 생각했던 A그룹은 "난 그럴 줄 알았어" "이런 불행한 일이 내게는 벌어지지 않을 거야"라는 편향이 높게 나타났다.

우리는 지금까지 우리가 경험한 '실수'나 '어려운 길'에 대해서 잘 돌아보려 하지 않기 때문에 안 좋은 일은 다른 사람에게만 생길 거라고 착각하곤 한다. 때문에 우리에게 힘들고 어려운 일이 생기면 창피해서 이를 숨기려 한다. 이렇게 가면을 쓰게 되면 내 어려움을 밖으로 호소할 수 없어 외부의 도움을 받지 못하게 되고, 사람들로부터 고립돼버림으로써 혼자 견디는 일이 더더욱 힘겨워진다.

편향 제거가 중요한 이유는 융통성 때문이다. 우리가 '한 가지 길'만 고집하거나 '나는 원래 이런 사람'이라는 생각에 집착할 경우, 다른 사고에 기반해 다르게 행동해볼 생각을 아예 못하게 된다. 스스로 정해놓은 길만 고집하는 사람은 장애물을 만났을 때 색다른 해결책을 찾지 못한다. 다른 길로 가는 것이 사람들 눈에 실패한 방법처럼 보일까 봐 두렵기 때문이다. 다르게 애써보고 노력하는 자신의 행동이 내가 부족하다는 증거를 내보이는 일이라고 느낀다.

이들은 뭔가를 힘겹게 느릿느릿 해나가는 상대의 모습도 잘 견디지 못한다. 내 아이의 학습속도가 너무 느리고 시험성적마저 나쁘면, 공부머리는 아닌가 보다 하고 쉽사리 단정지어버린다. 아이를 도와줄 다른 학습방법은 아예 궁리해보지도 않는다. 이처럼 '타고난 것'을 주워섬기는 사람들의 편향을 제거하는 일은 연구자들에게 여전히 풀지 못한 과제로 남아 있다.

나와 연구진도 편향 제거와 관련된 연구를 진행한 바 있다. 참가자들에게 제시한 지문을 제외하고 실험절차는 앞서 언급한 실험과 동일했다. 연구진은 참가자들에게 그림을 맞히는 과정에서 '언제 그림의 정답을 알아맞혔는지' 묻는 대신 '당신과 동년배의 사람은 언제 이 그림의 정답을 알아맞힐 것 같은가?'를 물었다. '아직 배우기 전인 사람의 입장'에서 생각을 하면 사후과잉확신편향이 없어질 것으로 예상했기 때문이다.

이 질문이 '지금의 내 입장'에서 벗어날 수 있는 단서가 될 수 있었음에도 불구하고, 실험결과에서는 똑같은 사후과잉확신편향이 일어났다. 연구진의 예상은 보기 좋게 빗나갔다.

지금까지의 편향 제거 관련 연구결과들은 우리가 왜 이러한 편향을 가지게 됐는지, 또 얼마나 많은 사람이 가면을 쓰고 사는지에 관해 많은 진실을 알려준다. 여러 연구를 통해 편향을 제거할 수 있는 방법을 모색해보았지만 그것은 거의 불가능한 과업임도 드러났다. 우리의 이런 한계를 극복하기 위해서는 다른 관점에서 생각하기를 훈련하는 수밖에 없는 듯하다.

가면에 익숙한 사람들은 자녀나 학생이 실수하거나 느릿느릿 경험해나가는 모습을 보면서 답답해할 게 분명하다. 과거의 길을 망각하고 현재 속에 갇혀버린 우리가 어떻게 다른 사람이 걸어가고 있는 길을 이해할 수 있겠는가? 이는 어찌 보면 당연한 것이다. 오히려 이런 진실이 편향을 제거하기 위한 대안적인 사고방식의 중요성을 시사해주는지도 모른다.

'나만 모른다'는
불안을 떨쳐야 한다

아들아이와 함께 읽어왔던 《해리포터 시리즈》를 얼마 전 드디어 끝마쳤다. 론과 해리, 헤르미온느는 호그와트 학교에서 함께 학창 시절을 보내며 비슷한 경험들을 쌓아가지만, 자신들의 과거에 관한 이야기를 나눌 때는 서로의 경험을 이해하지 못해 황당해할 때가 있다. 사후과잉확신편향을 잘 보여주는 일례가 일곱 번째 시리즈인 《해리포터와 죽음의 성물》에도 등장한다. 우리가 얼마나 과거를 생각하지 않는지 보여주는 대목이다.

어느 날 론이 '배비티 래비티Babbitty Rabbitty'에 관해 얘기하자 해리는 무슨 소린지 전혀 알아듣지 못한다. 배비티 래비티는 마법사라면 당연히 알고 있어야 하는 흥부놀부 같은 전래동화다. 그런 해리를 보고 론은 기가 차다는 투로 말한다. "말도 안 돼! 어떻게 배비티 래비티를 모를 수 있어?" 그러자 헤르미온느가 해리를 편든다. "론, 해리와 나는 머글들 속에서 자랐잖아! 그런 동화에 대해서는 들어본 적도 없어. 백설공주와 신데렐라라면 또 모를까." 그러자 이번에는 론이 "그게 뭔데? 무슨 병명 같은 건가?"라며 어리둥절해한다.

그렇게나 돈독한 세 사람이 서로를 이해 못하는 이 장면이 나는 재밌기도 하고 슬프기도 했다. 미국에서 태어났지만 한국 이민자 부모 밑에서 자랐던 나는 보통의 미국 친구들과는 다른 과거를 경험해왔다. 학교에 다닐 때, 미국인이라면 다 알고 있을 법한 이야기를 나만 모르고 있을 때가 많았다. 때문에 아는 '척'해야 하는 순간이 많았다. 처음부터 다 알고 있었다는 듯 행세하는 일이 몹시 괴로웠지만, 당시의 내게 가장 필요했던 것은 '나도 너희들과 비슷해'를 입증하는 일이었다.

어려서부터 임포스터로 살아온 전력 때문일까? 나는 임포스터이즘에 관한 연구가 따로 있다는 사실을 알게 되었을 때도 전혀 놀라지 않았다. 임포스터이즘 연구에 따르면, 자신의 과거가 남들과 다르다고 느끼는 사람은 가면 쓰기에 집착하게 될 뿐만 아니라 임포스터이즘 증상들을 더 많이 경험하는 것으로 드러났다.

◆ 모르는 티 내지 말라는
   조언의 악영향

미국에서는 가족들 최초로 대학에 입학한 지원자를 일컬어 '1세대 first generation'라고 부른다. 1세대가 아닌 보통 학생들의 부모는 자신의 대학시절을 떠올리며 입학을 앞둔 자녀에게 캠퍼스 생활이나 졸업 후 전망에 대해 이런저런 조언을 건넨다.

반면 1세대 학생들은 스스로 애써 노력하지 않으면 이런 정보를 얻을 기회가 많지 않다. 부모에게 대학생활에 관한 고민을 털어놓아도 대학 사정에 어두운 부모는 "애들이랑 다닐 때 모르는 티 내지 말고 잘해봐" 같은 얘기밖에 해줄 수가 없다. 1세대들은 부모에게 도움을 청할 수도, 부모로부터 도움을 받지도 못한다.

"티 내지 말라"는 말은 임포스터답게 처신하라는 얘기나 다름 없다. 부모로부터 이런 얘기를 듣고 진학한 순종적인 1세대 학생들은 아는 척하다가 실수를 할까 봐, 성공을 해도 자신의 모자란 부분을 들킬까 봐 학교에서 조용히 지내는 것을 목표로 한다.

나는 몇 년 전부터 내가 근무하는 바너드칼리지에서 1세대 학생들을 위한 오리엔테이션을 진행해왔다. 정보가 넘쳐나는 세상이니 1세대 학생들도 대학생활에 관한 정보를 훤히 꿰고 있을 거라 예상했지만 현실은 정반대였다. 다른 학생들은 입학하기 전부터 대학생활에 대해 완벽하게 알고 있는데 자신만 왠지 불완전한 것 같고 그런 모습이 티가 날 것 같아 가면을 더 단단히 쓰고 있는 듯

했다. 대화를 나누면서 나는 1세대 학생들이 느끼는 불안감에 대해 더 소상히 알게 됐다.

1세대 학생들은 교수들과 편하게 메일을 주고받을 수 있다는 사실에 대해서조차 놀라워했다. "우리가 교수님한테 직접 메일을 보낼 수 있다고요? 그럼 교수님들이 싫어하지 않나요?" 내가 "학생들이 연구실로 찾아와 질문하면 교수들은 대부분 좋아한다"고 하자 그들은 놀란 표정으로 "교수님 방에는 문제 있는 학생들만 가는 거 아닌가요?"라고 되물었다.

내가 1세대 학생들과 대화하면서 관찰했던 내용들은 심리학 연구에도 등장한다. 연구결과에 따르면 1세대 학생들이 임포스터이즘을 더 많이 경험하는 것으로 나타났다. 그들은 다른 동기들과 마찬가지로 좋은 대학에 당당히 합격하여 입학 자격을 부여받았음에도 불구하고 모두를 속이고 대학에 들어왔다는 생각을 가지고 있었다.

자신의 본모습을 들킬까 봐 불안해하는 그들의 행동에는 공통된 패턴이 보인다. 자신이 가진 능력이 충분함에도 수행 수준이 능력에 못 미치는 것이다. STEM(과학, 기술, 공학, 수학 과목) 수업의 경우, 1세대 학생들의 출석률이 더 저조한 편이다. 수업에서 뒤처지는 모습을 보이지 않으려고 수업 출석을 하지 않을 때도 많다. 출석을 한다 해도 수동적 태도로 수업에 참여하는 편이다. 이러한 학생들은 결국 학업을 중도에 포기하거나 뒤처진 성적으로 학기를 마무리하기도 한다.

◆ '다 알고 있다'는
말은 환상에 불과하다

우리는 어디를 가든 다른 사람과 다른 나만의 고유성을 가지게 마련이다. 남과의 차이를 부끄럽게 생각하는 사람은 이런 차이가 밖으로 드러날까 봐 마음을 졸이게 된다. 나 역시도 과거의 시간을 떠올리면 너무 애쓰고 무리하며 살았다는 생각이 든다.

두 나라를 오가며 미국인 가면과 한국인 가면을 번갈아 써야 했던 고통을 누구보다 잘 알고 있기에, 나는 내 아이들을 완벽한 미국 사람, 완벽한 한국 사람으로 키우고자 애썼다. 두 아이들이 미국에서의 과거와 한국에서의 과거 모두를 가졌으면 하는 바람에 무리가 되더라도 두 나라 모두에서 추억을 만들어주고 싶었다. 그렇게 하면 내 아이들이 "나는 남들과 다르다"며 불안해하거나, 무리로부터 동떨어져 있는 느낌을 받지 않을 것 같았다.

하지만 내 욕심을 다 채우기 위해서는 혼자 죽어라 노력하는 수밖에 없었다. 친구들에게 도움도 청하지 못한 채 뭐든 혼자 해결해야 했다. 딸아이가 세상에 나왔을 때 한국 문화를 경험하게 해주고 싶어서, 임신 기간 중에 잘 알지도 못하는 한국 동화와 한국 동요를 일일이 베껴 쓰고 달달 암기했다. 모르는 단어를 한국인 친구에게 물어볼 생각도 하지 못한 채, 오로지 혼자 씨름하다 보니 시간도 오래 걸리고 배우는 일도 힘겨웠다. 한편 미국 문화도 똑같이 경험하게 해주어야 한다는 생각에 급한 대로 《마더 구스^{Mother}

Goose》같은 유명한 동화책을 사서 읽어주기도 했다. 주변에 도움을 청할 수도 있었지만, 임포스터였던 나는 남몰래 혼자 공부해가며 뭐든 모르는 게 없는 엄마인 척했다.

참으로 다행스럽게도 어느 순간 정신을 차릴 수 있었다. 아무리 애쓰고 발버둥쳐도 다른 사람들과 완전히 같아질 수 없다는 사실을 깨닫게 된 것이다. 세상에 나오기도 전인 아이에게 양국의 문화에 대한 기억을 만들어주겠다고 욕심을 부렸던 것은 임포스터로서 겪었던 내 고통을 아이에게만큼은 대물림하고 싶지 않아서였다. 하지만 내 욕심이 집착에 가까운 행동을 불러왔다는 사실을 이제는 안다.

《해리포터》의 장면들은 우리에게 메타인지 방식을 한 번 더 상기시켜준다. "너 그것도 몰라?" 하고 누군가 핀잔을 줄 때에도 헤르미온느는 주눅들지 않고 "우리가 어떻게 알아? 머글 집안에서 자랐는데!"라고 받아친다. "나는 다른 건 잘 알지만 이건 잘 모른다"고 솔직히 시인하면서 "그러니 네가 나에게 좀 설명해줘"라고 요청하는 것이 메타인지 학습이다. 먼저 판단을 내린 뒤(모니터링) 더 배우고 싶다고 컨트롤을 하는 것이다. 메타인지가 작동하려면 헤르미온느가 그랬던 것처럼 자신이 모르는 상태라는 것을 편하고 떳떳하게 받아들일 수 있어야 한다.

한국에서만 학교를 다니고 집에서도 한국말만 썼던 아들아이가 미국 초등학교에 처음 입학했을 때, 나는 "기욱아, 누가 너한테 영

어를 왜 못하느냐고 묻거든 한국말은 잘해, 그리고 지금은 영어를
배우는 중이야, 라고 얘기하면 돼" 하고 귀띔해주었다. 자기가 잘
모른다는 사실을 전혀 부끄러워할 필요가 없다는 걸 알게 된 아이
는, 친구는 모르지만 자기는 알고 있는 것들을 친구에게 가르쳐주
기 시작했다. 우리 모두는 항상 배우는 과정 속에 있기 때문에 "다
알고 있다"는 말이 환상에 불과하다는 사실을 깨달은 것이 아들아
이가 얻은 가장 큰 수확이었다.

Summary

사후과잉확신편향을
극복하기 위한 메타인지 실천법

우리는 메타인지를 사용하지도 않고 바쁘게 뛰어가는 토끼이자 과거를 무시하는 개구리이다. 토끼는 실수할 기회를 놓치며 살고, 개구리는 실수 경험을 망각한 채 자신은 타고났다는 착각 속에 빠져 산다.

'처음부터 잘하는 사람이 되어야 한다'는 착각은 우리를 불안하게 만들고, 가면을 쓰게 하며, 타인의 실수를 용납 못하게 한다. 무엇을 배울 때는 처음부터 완벽해야 한다는 환상을 버려야 하고, 많은 것을 익힌 뒤에는 불완전하고 미숙했던 과거를 잊지 말아야 한다. 다음의 방법들이 도움이 되리라 믿는다.

1. 천천히 배워도 괜찮다고 알려준다

대학생들은 학습 전문가나 다름없다. 인생의 많은 시간을 공부에 쏟아부었고 대학 진학에도 성공했기 때문이다. 우리는 살면서 대학 합격 외에도 수많은 성공을 경험한다. 노력하면 할수록 더 많이 배울 수 있으므로 지식과 생각이 점점 더 많아진다. 하지만 내가 지금 알고 있는 것들만 보고 살면, 내가 알지 못하는 것들을 두려워하게 될 수 있다. 모른다는 것이 어떤 기분인지를 잊게 되면, 알지 못하는 것이 낯설고 창피하며 겁날 수 있다.

나는 학생들 사이에서 어려운 학과목으로 악명이 높았던 행동과학 컴퓨터 프로그래밍을 가르친 적이 있다. 교수인 나도 소화하기 만만치 않은 과목이었는데, 그나마 컴퓨터학과 조교들이 도움을 주어 수업을 진행할 수 있었다. 이 과목을 들었던 학생들 대다수가 심리학 전공생들이다 보니 컴퓨터 코딩 경험이 전무했다. 그런 학생들 사정을 고려해 첫 수업시간에는 아주 간단한 프로그램 과제를 내주었다. 버튼을 누르면 자기 이름이 나오도록 프로그램을 짜보게 한 것이다.

과제가 떨어지자마자 학생들은 수업 조교부터 찾기 바빴다. 아무것도 준비되어 있지 않다 보니 혼자 시도해볼 생각을 못한 채 도움부터 청해야겠다고 생각한 것이다. 자기에게 익숙한 과제들을 빨리 해치우던 버릇 때문인지 코딩도 재빨리 해낼 수 있어야 한다고 믿는 듯했다. 같은 과목을 재차 가르치게 되었을 때, 나는 프로

그래밍 과제를 내주기 전에 학생들에게 미리 이렇게 얘기해주었다. "프로그램은 아주 간단해 보이지만 실제 프로그램을 짜보면 생각했던 것과 많이 다를 거예요. 혼자 고민해서 직접 코딩해볼 수 있을 때까지 꽤 시간이 걸릴 겁니다." 그러자 이번 학생들은 스스로 시도해보는 데 더 많은 시간을 쏟았다.

학생들은 실제로 과제를 완수하기까지 오랜 시간이 걸렸다고 털어놓았다. 이를 통해 학생들은 고군분투했던 과거의 시간을 되돌아볼 수 있었을 뿐만 아니라 '교수님도 우리가 빨리 해내기를 바라지 않으시는구나'라고 생각했던 것 같다. 시행착오를 거듭하며 애먹었던 과정을 떠올리는 것이야말로 메타인지를 실천하는 일이다. 생각했던 것보다 더 오래 걸릴 수 있다는 생각은 '타고난 천재'의 가면을 벗게 해주는 한 가지 방법이 될 수 있을 듯하다.

메타인지를 언급할 때마다 사람들은 어린아이도 모니터링을 할 수 있느냐고 묻곤 한다. 물론이다. 하지만 더 주목해야 할 사실은 어른들의 모니터링에 문제가 더 많을 수 있다는 점이다. 메타인지는 자신이 모른다는 사실을 인정하는 데서 시작되는데, 어른이 될수록 사후과잉확신편향은 더 강해지는 경향이 있다. 말하자면 나는 다 알고 있다는 착각이 우세해 메타인지가 아예 작동하지 않을 수 있다는 뜻이다.

우리 각자가 가면을 벗을 수 있도록 서로서로 도울 수 있다면 어떨까. "나도 실은 올챙이처럼 배우는 중이야"라고 솔직하게 얘기할 수 있다면 말이다.

2. 모르는 것은 채우고 아는 것은 나누도록 한다

나를 뺀 모든 사람들이 재능을 타고났다거나 모르는 게 없다고 믿는 순간, 우리는 임포스터이즘에 갇히게 된다. 한국에서는 한국인이 아니고, 미국에서는 미국인이 아니라는 생각 때문에 나 역시도 가면을 쓴 적이 많았다. 그리고 불안한 마음 때문에 늘 부대꼈다. 하지만 메타인지를 사용하게 되면서부터 나는 달라지기 시작했다. 뭔가를 처음 접하고 경험할 때 '모니터링부터 해보자'라고 마음을 먹자 '나는 원래 이런 사람이야'라는 생각이 사라졌다. 뿐만 아니라 모니터링을 기반으로 앞으로 어떻게 컨트롤해나가야 할지도 더 잘 가늠할 수 있게 되었다.

이런저런 방법들을 시도하면서 나는 한 가지 사실을 깨달았다. 나는 지금까지 많은 걸 배워왔고 교수가 되어 다른 이들을 가르치고 있지만, 그럼에도 끊임없이 나 자신을 모니터링하고 조절해가면서 메타인지를 실천해야 하는, 말하자면 '초안'과 같은 상태라는 것이다.

뭔가를 배우고 성장해가는 과정에서 완성된 단계란 존재하지 않는다. 수학을 공부하고서 문제를 풀 때 '수학은 원래 어려워'라고 생각하기보다 '이 문제가 이해될 때까지 천천히 읽고 또 읽어보자'라고 생각해보면 어떨까. 한국어로 강의를 할 때 '내 한국어는 완벽하지 않아'라고 자신 없어 하기보다 '이걸 어떻게 표현하면 사람들이 잘 이해할 수 있을까?'라고 바꿔 생각해보면 어떨까? 누군가를 만날 때도 '이 사람은 이런 성격일 것 같다'고 넘겨짚기보다 '이 사람에 대해서 더 알고 싶다'는 마음으로 대화해보면 어떨까?

그렇다고 사람들에게 나의 부족한 모습만 보여주라는 얘기는 아니다. 과거를 완전히 망각하지만 않는다면 내가 실수한 것뿐만 아니라 잘한 것도 기억하게 될 것이다. 내가 생각하는 메타인지는 모르는 것을 채워나가면서 아는 것을 나눠주는 것이다.

결혼을 할 당시에도 나는 여전히 가면을 쓰고 있었다. 나는 한국에서 격식을 갖춰 큰 결혼식을 올린 뒤 미국에서 다시 작은 결혼식을 올렸는데, 한국에서 찍었던 결혼식 사진들을 미국의 심리학과 교수들에게 보여주었다. 사진에는 당시 유행했던 진한 한국식 화장을 하고 한복을 차려입은 내 모습이 담겨 있었다. 사진을 살펴보던 동료 교수 하나가 진지한 목소리로 물었다. "이게 누구야? 리사가 아닌 것 같은데?" 표정이 꼭 "왜 저렇게 했어?"라고 말하는 것 같았다. 다른 교수도 "리사는 어디 있어? 우리가 보고 싶은 건 리사 사진인데?"라며 농담 아닌 농담을 던졌다.

결국 그날 스무 장쯤 챙겨갔던 사진들 가운데 고작 다섯 장밖에 보여주지 못했다. 주변 교수들이 농담을 주고받는 순간 부끄럽고 민망해졌다. 나는 '아, 들켰다. 나는 미국 사람이어서 이 자리까지 온 거잖아. 왜 굳이 이런 한국적인 사진들을 꺼내서 보여준 거야. 이 교수들은 완벽하게 미국인인 척했던 나를 좋아했던 건데 말이야'라면서 내 자신을 부끄럽게 여겼다.

지금은 당시의 내 행동이 후회스럽다. 지금의 나였다면 "여기 이 사람, 나 맞아요"라면서 한복이나 폐백 문화에 대해 친절하게 설명해주었을 것이다. 예전의 나는 임포스터였기 때문에 진짜 내 모습이 드러나는 것을 늘 두려워했고 용기도 없었다. 하지만 지금은 "나 그거 잘 모르는데 설명해줄래? 나도 내가 아는 걸 알려줄게"라며 서로를 통해 배워나가려고 한다. 우리들 한 사람 한 사람은 다 다르기 때문에 서로의 차이를 더 자신 있게 보여줄 필요가 있다.

초등학생 시절에 딸아이는 영어가 조금 서툴렀다. 하루는 학교에서 돌아온 아이가 "장기자랑이 열린다는데, 나는 보여줄 장기가 없어"라며 푸념을 늘어놓았다. 나는 생각 끝에 "세린아, 너는 영어도 잘하지만 한국말도 잘하잖아"라고 슬쩍 힌트를 주었다.

마침내 딸아이는 장기자랑에서 〈겨울왕국〉의 그 유명한 주제가인 'Let it go'를 한국어로 열창했다. 아이는 영어를 배워가는 중이었지만 영어보다 더 많은 시간을 들여 배웠던 한국말을 소환하여 자기 식대로 상황을 헤쳐나갔던 것이다. 나는 딸아이가 메타인지를 제대로 사용했다고 믿는다. 우리는 조금 배웠든 많이 배웠든 항상 메타인지를 사용하며 성장해가고 있다.

3. 반대로 생각하는 기회를 만들어준다

점차 많은 교사들이 토론식 수업을 시도하고 있다. 메타인지 관점에서 볼 때 토론은 매우 효과적인 학습법이다. 학생들은 자신의 의견을 정리하면서 스스로에 대해 더 많이 생각하게 되고 다른 사람들을 설득하는 방법도 훈련하게 된다. 토론에 대해 흔히들 하는 오해가 있다. 토론의 목적이 '토론에 능한 사람이 되는 것' 혹은 '타인을 잘 설득하는 것'에 있다고 생각한다. 하지만 토론을 하는 진짜 이유는 토론이 자기 과신을 예방해주는 메타인지 학습법이기 때문이다.

'지금 내가 선택한 길이 유일하게 옳은 길'이라는 착각은 사후과잉확신편향을 부추긴다. 즉 내 생각이 옳다고 생각할 때 '처음부터 내가 이럴 줄 알았어'라는 믿음이 생겨난다. 그러면 다르게 사고하거나 다른 길을 선택하기가 어려워진다. 문제 없는 인생이 있다면 모를까, 유일하게 옳은 한 가지 생각만으로는 문제로 가득한 인생을 헤쳐나가기가 어렵다.

그렇다면 '내 안에도 여러 다양한 모습이 있다'는 생각은 어떻게 키워갈 수 있을까? 우선 학생들에게 대화와 토론의 기회를 줌으로써 여러 반대되는 생각이나 의견을 나눌 수 있게 해준다. 아이들은 어릴 때부터 부모와 대화를 주고받으며 '나는 이렇게 생각하는데, 엄마는 다르게 생각하네? 내 관점에 대해 조금 더 생각해봐야겠다'라고 느낀다. 서로의 생각을 주고받는 간단한 대화들은 모니터링과 컨트롤 과정을 활성화시켜준다.

어린아이들이 대화를 통해 배우듯 토론은 어른들에게도 상당히 좋은 학습법이다. 그래서 나는 대학생들을 대상으로 수업을 진행할 때 토론하기를 과제로 내주곤 한다. 가령 '마음속 시간여행은 동물에게도 가능한가?' 같은 주제로 한 학기 동안 찬반토론을 준비시키는 것이다.

토론을 준비하는 과정은 그 자체로 좋은 공부가 된다. 하지만 학생들은 대체로 자기 편의 주장이 어째서 타당한지에만 초점을 맞추어 토론을 준비한다. 자기주장을 강화하는 쪽으로만 토론을 준비할 경우, 토론에서 이길 확률이 높아지는 것은 사실이다. 하지만 자신의 성장에는 전혀 도움이 되지 않을 수도 있다. 그냥 자신이 배우고 싶은 것만 열심히 외우고 그 내용을 표현해보고 마는 데 그치는 것이다.

그렇다면 메타인지를 어떻게 활성화시킬 수 있을까? 어떻게 하면 자기 스스로 사고하면서 컨트롤을 지속해나갈 수 있을까? 이 고민을 해결하기 위해 나는 다양한 방법들을 실험해봤다. 일례로 찬반토론 당일에 찬반 그룹을 뒤바꿔버리는 것이다. '동물들도 마음속 시간여행이 가능하다'는 주장을 펼치기로 했던 학생들은 '동물들은 마음속 시간여행이 불가능하다' 쪽에 서서 설득하게 하고 '불가능하다'는 주장을 준비해온 학생들은 '가능하다' 편에서 토론을 펼치게 한다.

예상에 없던 급작스러운 전개에 학생들은 크게 당황한다. 내 쪽 주장에 대해서만 일방적으로 준비해왔기 때문에 정작 주고받는 토론 연습은 하지 못한 것이다. 하지만 준비 없이 무방비 상태에서 사고할 때, 토론 실력은 오히려 향상된다. 말하자면 지금 당장은 아는 게 별로 없지만 토론 과정을 거쳐나가면서 순간순간 자기 입장과 주장을 선택하고 다져나가게 되는 것이다. 이것이 바로 메타인지를 사용하는 방법이다.

임포스터는 이런 메타인지 활용에 취약한 사람들이다. 그들은 '나는 반대쪽 주장에 대해서는 잘 모르는데. 내가 무식하다는 사실이 들통나면 어쩌지?' 하며 토론 자체를 기피하려고 하는 성향이 강하다.

메타인지를 활용한다는 것은 사회생활을 통해 다른 사람과 의견을 주고받으며 현재의 나를 계속 컨트롤해나가는 일이다. 그런데 임포스터는 스스로를 컨트롤하고 변화시키는 과정을 '자신이 모른다는 사실을 들키는 사건'이라고 여겨 메타인지를 아예 활용할 수 없게 된다.

들키지 않는 것이 지상과제인 사람은 다른 사람의 의견을 들으려 하지 않는다. 그리고 점점 더 두꺼운 가면으로 자신을 가린 채 혼자만의 길을 걸어가게 된다.

이를 극복할 수 있는 방법이 하나 있다. '나는 여러 가지 모습으로 변화할 수 있다'고 생각해보는 것이다. 자신이 다양하게 변화하고 성장해갈 수 있음을 인식한다면 새로운 생각 앞에서 겁을 집어먹기보다 용기를 내볼 수 있을 것이다.

Chapter ③

가면을 벗기 위한 메타인지 사고법 세 번째,

진정한 겸손은 도움을 청할 줄 아는 것

An Impostor's Story

초등학생 때 나는 한글학교에 다녔다. 당시 내 영어 구사력은 원어민 수준이었지만 한국어는 간신히 알아듣기만 하는 정도였다. 한국어 말하기 실력이 형편없었지만 그럼에도 나는 속으로 다짐했었다. '한국어를 배워서 꼭 한국에 가서 살아야지.' 수업이 시작되면 나중에 복습할 것을 생각해서 선생님 말씀을 한 자도 빠짐 없이 노트에 받아적었다. 그리고 중학생이 되어서까지 매주 토요일마다 한글학교에 출석했다. 주중에는 수업시간에 배운 내용들을 열심히 복습했다. 어린 시절에 가장 열심히 배웠던 것이 무엇이냐고 물어본다면 나는 주저하지 않고 한국어라고 답할 것이다. 힘든 과정이었지만 이 시기에 정말로 많은 한국어를 배웠다.

미국에서 대학을 다닐 때도 한국에 가서 사는 게 나의 꿈이자 목표였다. 대학 3학년이 되었을 때, 나는 용기를 내어 한국어로만 진행되는 '비즈니스 한국어Business Korean'란 과목을 수강했다. 첫 수업에 들어가니 나를 뺀 수강생들 전부가 한국에서 온 유학생들이었다. 게다가 학생 대부분이 비즈니스 전공자들이었다. 비즈니스란 분야에 깜깜했던 나는 공부를 쫓아가느라 학기 내내 진땀을 흘렸다.

대학을 졸업할 즈음, 한국 사회를 너무 경험해보고 싶어 한국의 심리학과 교수님 열 분에게 한국어로 손편지를 써보냈다. "교수님, 제가 여름방학 동안 한국을 방문하려고 하는데 혹시 실험실에 제가 도움이 될 일이 있을까요?" 혼신을 다해 편지를 몇 번씩이나 고쳐 썼고, 놀랍게도 몇 주 뒤 한국에 와도 좋다는 답장이 도착했다. 나는 용기를 내어 처음으로 한국 생활에 도전했다. 한국에 온 뒤로도 한국어 배우기는 계속되었다. 1995년 여름에 썼던 공책들을 펼쳐보면 생소한 한국 단어들이 그 뜻과 함께 빼곡히 적혀 있다.

나는 정말로 오랜 세월에 걸쳐 한국어 공부를 열심히 해왔다. 하지만 지금도 누군가로부터 "리사, 너 한국말 잘한다"라는 말을 들으면 나도 모르게 지금까지의 노력을 부정해버리는 얘기를 한다. "무슨! 나 한국어 진짜 못해."

겸손의 미덕이
가면이 되는 순간

앞서 나는 실수나 실패를 기억하는 것이 메타인지를 활성화하는 방법이라고 이야기했다. 실수했던 경험을 바라볼 수만 있으면 피드백을 통해 이후의 행동을 잘 컨트롤할 수 있기 때문이다. 1장과 2장에서는 과거의 실패를 인정하지 않거나 과거를 기억하지 못해 '완벽한 척' 가면을 쓰는 사람들에 관해 이야기했다. 이번 장에서는 정반대의 경우, 즉 실패한 과거만 기억하고 성공한 과거는 무시해버리는 사람들에 대해 이야기하려고 한다.

이런 현상 역시 삶에서 큰 문제가 될 수 있다. 우리는 열심히 노력해서 성공을 이뤄도 그것을 자랑스럽게 드러내는 것은 겸손한 태도가 아니라고 배워왔다. 우리 문화 속에 퍼져 있는 이런 생각들로 인해 우리는 또 다른 가면을 쓸 때가 있다. 지금부터는 "나는 못해"라며 매번 뒷걸음질치는 겸손한 임포스터에 대해 이야기해보려고 한다.

◆ '나의 노력'은
　　빠져 있는 성공 소감

2016년 8월, 영화 〈부산행〉이 관객수 100만 명을 돌파했다. 〈부산행〉은 좀비 영화를 좋아하지 않는 나도 감탄하며 봤던 화제작이다. 영화에 등장한 배우들 모두 어찌나 연기를 잘하던지, 아역배우 김수안이 울면서 노래 부르는 마지막 장면은 너무나 감동스러웠다. 배우 인터뷰 때 김수안 배우는 "제가 잘해서가 아니라 작품이 워낙 좋고 운도 따라주었기 때문이다. 저는 그저 숟가락을 얹었을 뿐인데 큰 선물을 받은 것 같다"고 얘기했다.

　그는 어린 나이에도 겸손한 태도를 보여줬다. 하지만 이런저런 성공의 이유들을 나열하면서도 정작 자신의 배역을 연기하기 위해 어떤 노력을 기울였는지에 대해서는 말을 아꼈다. 김수안 배우가 얼마나 타고난 배우인지 알 수 없으나, 나는 그가 좋은 연기를 위해 피땀 어린 노력을 했으리라는 생각이 든다. 분명 작품도 좋았고 운도 따랐겠지만 왜 본인의 노력으로 성공했다는 자랑은 하지 못하는 것일까?

　답은 아주 간단하다. 올챙이 시절부터 전문가 개구리를 보고 배우기 때문이다. 어른 전문가들의 성공 스토리에는 과거에 자신이 쏟았던 노력에 관한 언급이 대체로 빠져 있다. 성공의 중요한 요인들 가운데 자기 자신이 빠져 있는 경우가 허다하다.

어렸을 때부터 우리는 겸손한 말과 행동의 중요성에 대해 배운다. 성장하여 전문가가 되면 겸손한 언행이 점점 더 중요한 미덕이 된다. '벼는 익을수록 고개를 숙인다' '지위가 높을수록 마음은 낮추어야 한다' '병에 물이 차 있으면 저어도 소리가 나지 않는다'처럼 겸손의 중요성을 일깨우는 속담들이 한국을 비롯한 아시아 문화권에는 유독 더 많다. 겸손에 관한 연구들에 따르면 성공한 아시아인들은 성공의 요인을 자기 실력보다 운에 귀인시키는 경향이 있는 것으로 밝혀졌다.

가령 옥스퍼드나 케임브리지 대학에 입학한 싱가포르 출신 학생들은 합격 요인을 기술하면서 운이란 단어를 제일 많이 언급했다. "옥스퍼드 입학은 꿈도 못 꿨어요. 합격 소식에 그저 운이 좋았을 뿐이라고 생각했죠." "확실히 제가 운이 좋았어요. 그렇지 않다고 말하는 사람은 순 거짓말쟁이에요. 억세게 운이 좋지 않고서야 옥스브리지에 들어갈 방법이 없잖아요. '이 사람이 저 사람보다 더 우수하다'고 말하기가 어려워요. 합격생과 불합격생은 정말이지 종이 한 장 차이거든요. 운이 우리 삶에 아주 크게 작용하는 셈이죠. 저는 정말로 운이 좋았고, 제 인생이 그걸 증명하고 있어요."

그 자리에 도달하기까지 엄청난 노력과 시간을 쏟아부었을 학생들은 자신이 명문대학에 합격할 수 있었던 건 운 덕분이라고 입을 모았다. 이렇게 겸손하게 말하는 데는 여러 가지 이유가 있다. 내가 열심히 노력해서 성공했다고 하면, 성공하지 못한 다른 사람들의 노력을 무시하는 처사가 될 수 있어서다. 겸손의 말이 '스포트라이트를 나누어 비춰주는' 일종의 배려 양식이라고 소개한 연구도 있다. 겸손의 말 속에는 '이번엔 내가 운이 좋았지만 다음 번엔 너도 운이 좋을 거야'라는 메시지가 담겨 있다. 고배를 마신 상대를 배려하는 방법 중 하나인 셈이다.

하지만 이런 겸손의 말은 우리로 하여금 가면을 쓰게 하기도 한다. "이게 다 운이 좋아서"라고 얘기하게 되면, 우리가 지금껏 실수와 실패를 통해 쌓아온 과거의 노력은 몽땅 잊어버리고 사후과잉확신편향에 빠질 수 있다. 이러한 가면을 쓰는 사람들은 성공한 사실을 '착오'라고 믿게 되고 '나는 이 자리에 있어서는 안 될 사람'이라고 스스로를 폄훼하게 된다. 그렇다면 이런 임포스터이즘에 빠지지 않으면서 겸손함을 유지할 수 있는 방법은 무엇일까?

"너 왜 잘난 척하고 그러니?"

한글학교에 다니던 초등학생 시절, 학교에서 우리에게 어려운 과제를 내줬던 적이 있다. 수업시간에 짧은 스피치를 해야 했는데, 나는 너무나 잘하고 싶은 마음에 어려운 한국어 발음들을 죽어라 연습했다. 친구들 앞에서 스피치를 하는 날, 나는 물 흐르듯 자연스럽게 발표를 해낼 수 있었고, 선생님으로부터 잘했다는 칭찬을 들었다. 그때 다른 교포 친구 하나가 다가오더니 "리사, 어떻게 그렇게 잘했어?"라고 물어보았다. 나는 운이 좋았다는 식으로 말하지 않고 "나 진짜 연습 많이 했거든. 앞으로는 한국어를 더 잘 읽을 수도 있을 것 같아!"라고 자신감에 넘쳐 대답했다.

그러자 내 말이 끝나기가 무섭게 친구는 핀잔 섞인 투로 쏘아붙였다. "너 왜 잘난 척하고 그러니?" 그때 처음으로 나는 내가 했던 말이 잘난 척이라는 것을 알게 됐다. 무안해진 나는 다시는 사람들 앞에서 잘난 척하지 않겠다고 다짐했다. 성공의 원인을 내 노력 쪽으로 돌렸을 때, 어쩌면 그 친구는 '스포트라이트가 나눠 비춰지지 않는 것'처럼 느꼈을지 모른다. 그 아이 눈에는 내가 겸손을 모르는 아이로 보였을 것이다.

어려서부터 나와 내 친구들은 '열심히 살아온 자신을 자랑스럽게 여기는 것은 교만한 태도'이며, 자신의 노력을 인정하는 것은 겸손과는 거리가 먼 일이라고 배워왔다. 그래서 성공의 원인을 운과 같은 나 이외의 요인들에 돌리기 시작했다. 그러다 보니 나는 열심히 노력해놓고도 항상 "아니야. 나는 잘 못해. 그냥 운이 좋았을 뿐이야"라고 말하기 일쑤였다.

그런 얘기를 하도 많이 하다 보니 나중에는 운밖에 믿을 게 없는 사람이 되었다. 운이 너무 중요해지고 또 행운이 연달아 이어지니 어떨 때는 내가 마술사가 아닐까 여겨질 정도였다. 죽어라 노력하면서도 정작 내 노력을 인정하지 못하는, 나는 그런 임포스터가 되었다.

◆ **감사의 겸손 vs**
자기비하적 겸손

아쉽게도 겸손에 관한 연구들은 그리 많지가 않다. 인간의 메타인지 못지않게 겸손의 속성을 파악하는 일 역시 난해하기 짝이 없다.

연구자들은 자기 혼자 있을 때 겸손한 것과 타인 앞에서 겸손한 것은 서로 다르기 때문에 겸손을 정의하기가 어렵다고 말한다.

연구자들은 두 가지 겸손에 대해 실험을 진행했다. 참가자들에게 자신이 겸손해졌을 때를 떠올려보게 한 후 '겸손한 마음' 하면 연상되는 감정과 단어, 행동을 모두 적게 했다. 참가자들이 적어낸 내용에는 긍정어와 부정어가 다 담겨 있었다. 긍정적 연상에는 축하, 감사, 자부심, 명성 등의 단어들이, 부정적 연상에는 자기 평가, 타인으로부터 숨기는 것, 수치심, 순종, 다른 사람보다 우위에 있음을 숨기는 것 등이 포함되어 있었다.

연구진은 전자의 겸손을 '감사하는 겸손' 후자의 겸손을 '자기 비하적 겸손'이라고 이름 붙였다. 2009년도에 버락 오바마^{Barack Obama}가 노벨평화상을 수상했을 때, 그가 발표했던 소감문에는 두 가지 겸손이 잘 드러나 있다.

"수상의 영예에 깊이 감사드리며 겸손한 마음으로 이 상을 받아들겠습니다(감사하는 겸손). 슈바이처, 킹, 마셜, 만델라 같은 전 수상자들에 비하면 제가 이룬 업적은 너무나 미미합니다(자기비하적 겸손)."

감사하는 겸손에는 자기 자신에 대한 인정이 전제되어 있다. 누군가가 나의 어떤 면을 칭찬했을 때 "고마워요"라고 답할 수 있으려면 남이 칭찬한 그 면을 자기 자신도 인정할 수 있어야 한다. 이러한 겸손은 메타인지와도 연결된다. 메타인지도 나 자신을 현실적으로 바라보고 나를 있는 그대로 인정하는 것이기 때문이다.

한편 자기비하적 겸손은 메타인지로부터 멀어지는 겸손이다. 자기비하적 겸손은 다른 사람들과 엇비슷한 사람으로 보이고 싶어서, 혹은 그들에게 순종적인 사람으로 보이기 위해서 지금까지 내가 잘해왔던 것들을 무시하고 "나 사실 잘 못해"라는 대답으로 스스로를 낮춰버리는 것이다. 문제는 우리들 대부분이 감사하는 겸손보다는 자기비하적 겸손을 진짜 겸손이라고 착각하는 데 있다.

못난 면을 강조하는 것이
메타인지는 아니다

메타인지를 배운 후로 나는 내 모습을 제대로 보고 나 자신을 있는 그대로 인정하고 싶어졌다. 어릴 때부터 나는 겸손하게 살기 위해 "실은 나 잘 못해"라는 말을 달고 살아왔다. 남들 눈에는 내가 겸손한 사람으로 보였겠지만 나는 내 자신을 제대로 볼 수 없었기 때문에 실패도 성공도 두렵고 불안했다. 실패를 하면 내가 못난이란 사실이 들통날까 봐 불안했고 성공을 하면 내가 잘난 척하는 사람처럼 보일까 봐 두려웠다. 메타인지를 공부하면서 내 자신을 제대로 보기 시작했는데, 이상하게 공부를 하면 할수록 '겸손한 나'는 점점 줄어드는 것처럼 느껴졌다.

메타인지를 활용하면 내가 무엇을 알고 무엇을 모르는지 판단할 수 있다. 메타인지는 내가 무엇을 배웠고, 무엇을 알고 있는지,

그리고 무엇을 모르고 무엇을 어려워하는지 사실대로 받아들이는 능력이다. 지금까지 나는 겸손을 가장 중요한 삶의 태도로 여기며 살아왔지만, 메타인지로 그 우선순위가 뒤바뀌면서 나를 있는 그대로 인정하며 솔직하게 살기 시작했다.

사람들을 만날 때에도 내가 못하는 것과 잘하는 것을 진솔하게 다 말하려고 한다. 가령 어렸을 때 나는 운동을 너무 좋아해서 운동을 했다 하면 종일 매달려 살았고 덕분에 어떤 운동에든 만능이 되었다고 얘기했다. 잘하는 것에 대해 이런 식으로 말하다 보니, 사람들 사이에서 나는 자랑질하는 사람, 잘난 척하는 사람이 되어 있었다. 그리고 이런 말을 들은 날은 혼자 실의에 빠져 이렇게 되뇌곤 했다. "열심히 노력해서 잘했더라도 이런 말은 남들에게 하는 게 아니구나."

우리는 아직까지 자기비하적 겸손만이 겸손이라고 믿는 듯하다. 배우는 과정에서 나타나는 감사의 겸손은 잘난 척이라고 여긴다. "이 부분은 잘했지만 저 부분은 더 노력해봐야겠다"라고 말하는 것이 겸손이 아니라고 생각하는 사람들은 자신의 메타인지를 무시하고 타인과의 비교를 통해 '못난 자신'을 만들어낸다.

◆ 메타인지는 실패뿐 아니라
  성공까지 인정하는 것

스스로를 못났다고 여기는 겸손은 사후과잉확신편향으로 인해 쓰게 되는 가면보다 더 해로울 수 있다. 사후과잉확신편향 가면을 쓰는 사람은 부족했던 과거의 자신은 다 잊은 채 '나는 처음부터 잘 했어. 나는 타고났어'라고 믿기 때문에 어느 정도는 긍정적인 생각을 하게 된다.

하지만 못난이 가면을 쓰는 사람은 자신이 노력해왔던 시간을 부정하면서 현재의 성공까지 무시한다. 결국에는 미래의 자신에게도 기대할 것이 없어서 새로운 시도조차 못하게 된다. 건강한 메타인지를 발휘하려면 과거의 실수를 기억하는 것 못지않게 자신이 거둔 성공을 인정하는 것이 중요하다.

그러나 성공을 인정하는 것이 동양인들에게는 유독 쉽지가 않다. 아시아 문화권에서는 자기 성공을 인정하는 게 겸손하지 않은 태도라고 여기기 때문이다. 여기 일본인과 캐나다인이 겸손을 대하는 태도를 비교한 연구가 있다. 연구진은 실험참가자들을 대상으로 원격연상검사Remote Association Test를 실시했다. 참가자들은 세 개의 단어를 읽은 후, 세 단어에서 연상되는 단어 하나를 떠올려야 했다. 가령 '피, 구멍, 냄새'가 나오면 '코'라는 답을 연상해내는 것이다. 연구진은 참가자들에게 이것이 창의성과 EQ를 측정하는 테스트라고 일러주었다.

이러한 검사에서 조건을 달리하여 두 가지 버전으로 실험을 진행해보았다. 첫 실험은 너무 어려워서 실수하는 조건, 두 번째 실험은 너무 쉬워서 성공하는 조건이었다. 두 번째 단계에서 연구자는 참가자들을 실수 그룹과 성공 그룹으로 나누어 실험을 진행했는데, 실험 도중 연구자가 잠시 자리를 비웠다. 실험실을 떠나기 전 연구자는 참가자들에게 "하고 싶은 만큼 계속 하셔도 됩니다"라고 일러준 뒤 참가자들의 행동을 몰래카메라로 촬영했다. 얼마 후 자리에 돌아온 연구자는 참가자들에게 이 테스트가 얼마나 정확한 것 같으냐고 물었다.

연구결과 성공 그룹의 캐나다인 참가자들은 실수 그룹의 캐나다인 참가자들보다 더 오랫동안 문제를 풀었다. 반면 일본인 참가자들의 경우 실수 그룹이 성공 그룹보다 더 오랫동안 문제를 붙들고 있었다. 연구자는 이 결과를 두고, 일본인 참가자들의 경우 자신이 문제를 못 푼다는 사실이 들통날까 봐 계속해서 문제를 풀고 있었던 것으로 해석했다.

더 중요한 것은 캐나다인 참가자들은 성공 그룹이 실수 그룹보다 테스트가 더 정확하다고 믿었던 데 반해, 일본인 참가자들은 실수 그룹이 성공 그룹보다 테스트가 더 정확하다고 믿었다는 점이다. 요컨대 일본인들은 실수가 많을수록 테스트의 정확도가 더 높다고 판단한 반면, 캐나다인들은 성공 확률이 높은 테스트일수록 더 정확하다고 믿는 경향이 있었다.

동양인은 자신의 실수에 더 집중하고 실수를 만회하기 위해 더 애쓰는 경향을 보였다. 그리고 실수를 저지른 자신의 모습이 진짜 자기에 더 가깝다고 느꼈다. 실수를 극복하기 위해 애쓰면서도 실수를 마음에 새기고 자신을 실수하는 사람이라고 믿는 것 같았다. 성공에 대해 이야기할 때는, 성공한 캐나다인들이 성공한 일본인들보다 더 행복해하고 더 자랑스러워했다. 일본인들은 자신의 성공을 별로 인정하지 않는 사람처럼 성공에 대해 소극적으로 표현했다.

메타인지는 내가 저지른 실수뿐만 아니라 내가 이룬 성공도 인정하는 능력이다. 겸손은 미덕임에 틀림없지만 자기비하를 겸손으로 착각하는 일은 없길 바란다. 진실로 겸손한 마음이란 우리 자신을 깎아내리는 것이 아니라 우리 자신을 있는 그대로 보는 일이다. 내가 아는 것과 모르는 것을 다 판단할 수 있어야 컨트롤도 제대로 할 수 있다. 임포스터처럼 "나는 못해. 나는 아는 게 하나도 없어"라고 말하는 순간 정말로 자신은 잘 모르는 사람이 되고, 그런 잘못된 믿음 때문에 이미 알고 있는 내용을 다시 공부하느라 시간을 허비하기도 한다.

왜 아이가 충분히 공부했다는 걸 믿지 못할까

메타인지는 우리가 배운 것을 장기적으로 기억할 수 있게 해준다. 그리고 메타인지를 활성화시키는 '느린 학습, 불편한 학습, 실수가 동반된 학습'은 과신을 피해갈 수 있게 해준다. 그냥 편하게 인터넷을 검색해서 답을 찾기보다 자가테스트Self Test를 해보는 것이 학습에는 더 도움이 된다. 이렇게 불편한 방법을 쓰면 실수할 확률이 더 높아지지만 내가 모르는 것에 대해 더 디테일하게 공부하게 된다.

이런 방법이 장기적인 학습에 더 효과적이지만 '겸손한 가면'을 쓴 학생에게는 문제로 작용할 수도 있다. 어렵고 불편한 학습에서는 실수가 더 많이 발생하는데, 빈번한 실수가 '나 정말 못하는 사람이구나'라는 생각으로 이어져 자신의 부정적인 부분에만 집중하게 할 수도 있다. 게다가 임포스터라면 타인 앞에서 실수했을 때 들켰다는 생각이 더 강할 수도 있다. 그렇게 되면 잘 배우고 난 뒤에도 실수한 것만 떠올라서 이미 알고 있는 것도 재차 삼차 공부하게 된다. '이 정도면 알 것 같다'는 판단, 즉 자신의 메타인지 판단을 신뢰하지 못해 혼란의 늪에 빠진다.

겸손한 가면을 쓴 아이와 임포스터는 둘 다 가면을 쓰고 있으며, 자기 자신을 쉽게 믿지 못한다는 공통점이 있다. 겸손한 아이는 뭔가를 잘 배우고 난 뒤에도 자기 실력을 인정하지 못해 늘 더 완벽해져야 한다고 생각할 수 있다. 그리고 메타인지를 활용해 공부한다 할지라도, 과거의 실수들이 떠오르면 '나는 원래 못하는 사람'이라는 신념이 자극되면서 '이제 이건 그만하고 다른 걸 공부해야지'라는 컨트롤 능력을 제대로 발휘하지 못한다. 과신보다 과소평가에 능한 타입이다.

나는 학부형들로부터 "우리 아이는 공부를 많이 하고 또 오래 하는데도 늘 불안해한다. 시험을 잘 못 볼 것 같다며 노심초사한다"는 얘기를 꽤 많이 듣게 된다. 이런 얘기를 들을 때마다 그것은 메타인지를 사용하지 않기 때문이라고 말해주고 싶다. 메타인지를 사용했다면 아이는 '충분히 배웠다'는 판단을 더 정확하게 내릴 것이고 그 판단이 '시험을 잘 볼 수 있다'는 믿음을 가져올 것이기 때문이다.

이 문제를 해결하는 방법은 의외로 간단하다. 자가테스트를 할 때 아이 자신이 채점까지 다 하는 것이다. 부모나 선생님은 대개 아이에게 "자가테스트가 좋다고 하니 너 혼자 풀어봐" 하고는 테스트가 끝나면 아이 손에서 테스트지를 가져다 본인이 채점을 한다. 자가채점은 옳게 이해한 것과 아직은 이해가 부족한 것을 스스로 확인하고 점검할 수 있다는 점에서 가장 손쉬운 메타인지 실행법이라고 할 수 있다.

그런데 이 과정을 부모가 대신 해버리면 아이는 메타인지를 발휘할 기회를 놓치게 된다. 어른이 채점한 뒤 "다 맞았네!" 하면 아이는 두 번 다시 정답을 보지 않을 것이다. 반면에 "두 개 틀렸다"고 하면 틀린 문제 중심으로만 답을 체크하고 넘어갈 가능성이 높다. 간단한 정답 체크는 메타인지가 아닌 단순 인지이며, 이런 경우 아이는 메타인지 실행의 기회를 갖지 못한 채 틀린 것에만 집중할 수 있다. 실수나 잘못한 부분에만 집중하게 되면 자기 능력이나 기량에 대한 믿음도 줄어들 수 있다.

아이들이 메타인지를 활용한다는 것은 자기 인지를 거울에 비춰보는 일이다. 질문을 하나씩 살피면 자신이 그 질문을 얼마나 어려워하는지 또 얼마나 이해하고 있는지 알게 된다. 그리고 그 판단에 근거해서 얼마나 더 공부를 해야 하는지도 알 수 있다. 하지만 아이들의 학습이 메타인지가 아닌 인지 수준에서 끝나게 되면 문제를 한 번만 풀고도 공부를 다 했다고 착각하게 된다.

부모가 정답과 오답을 채점했을 때, 아이가 정답을 골랐다면 아이는 그 문제를 복기할 가능성이 별로 없다. 때문에 충분한 학습이 이뤄지지 않을 수 있다. 한편 아이가 문제를 틀렸다면 부모는 불안한 마음에 무리해서 공부를 시킨다. 안심이 안 되는 부모는 아이에게 틀린 문제를 대여섯 번씩 풀게 한다. 그렇게 시키고도 나에게 묻는다. "우리 아이가 자가테스트에서 몇 번을 성공해야 좋은 걸까요?"

이 질문에 대한 정답은 아이만 알고 있다. 학습 상황도, 아이의 수준도 제각각이므로 정해진 답도 기준도 없다. 모니터링을 제대로 한 아이라면 상황에 맞는 답이 무엇인지 스스로 도출할 수 있다. 하지만 타인이 규칙을 정하듯 아이의 공부 분량을 정해놓으면 아이 스스로 메타인지를 사용할 기회를 놓치게 된다.

이 경우에는 공부가 부족하기보다 공부를 지나치게 하게 될까 봐 더 염려스럽다. 어린 학생들이 시험을 보기 전에 같은 문제를 풀고 또 푸는 이유는 자신이 제대로 알고 있는지 확신이 없기 때문이다. 이 정도면 확실히 알겠다, 하는 기준점이나 판단력이 스스로에게 없는 것이다.

자가테스트에 대해 다시금 생각하게 만드는 실험이 하나 있다. 연구자는 실험참가자들에게 여러 개의 단어를 학습하게 했다. 실험결과 참가자들은 한 번 공부했을 때보다 두 번 공부했을 때 더 많은 단어를 암기했고, 세 번을 공부하자 최고의 암기력을 드러냈다. 그러나 세 번 이상부터는 암기하는 단어의 개수가 거의 동일했다. 이 실험을 통해 참가자들이 세 번까지 공부했을 때 확실한 학습효과를 보았고 세 번 이상 공부하는 것은 시간 낭비라는 것을 알 수 있었다.

학습곡선은 저마다 다르기 때문에 이 실험결과가 모두에게 적용될 수 있는 것은 아니다. 내가 강조하고 싶은 점은 스스로 '학습이 끝났다'고 판단하지 못하고 시간을 낭비하는 것 역시 메타인지 학습의 컨트롤 단계를 실행하지 못하는 데서 생기는 문제라는 것이다.

실제로 많은 학생들이 학습곡선이 저마다 다르다는 사실을 믿지 못하고 '너무 넘치게' 공부하려고 하는 것 같다. 실수를 토대로 잘 배워서 성공하게 되면 '이젠 뭔지 알겠어!' 하는 확신이 생겨난다. 하지만 이러한 메타인지를 키우려면 아이 스스로 실수를 바라볼 수 있어야 하고, 실수한 후에 성공에까지 도달해보는 경험이 필요하다.

동기부여를 해주는 건
겸손이 아니라 관심

재미교포인 고은지 작가의 자전적 에세이 《마법 같은 언어The Magical
Language of Others》에는 자신이 엄마와 함께 한국의 어느 시장을 방문
한 이야기가 나온다. 작가의 어머니는 시장 가게 아주머니와 다음
과 같은 대화를 나눈다.

"요즘 여자애들 같지가 않네요. 여기서 태어났어요?"
"우리 딸은 미국에서 태어났어요. 그래서 순진해요."
"무슨 얘긴지 알 것 같아요. 못된 생각 같은 건 하나도 안 할 것
같네요."

나 역시 미국에서 미국인이 아니라는 사실이 드러나지 않도록

가면을 쓰고 살았고, 특히나 나쁜 생각이나 힘든 감정은 절대로 드러내지 않으려 했다. 내 나름대로 느끼는 것도, 싫어하는 것도 많았지만 내 견해나 취향을 밝히는 순간 완벽한 미국인이 아닌 게 드러날까 봐 지나치게 겸손한 모습으로 살아왔다. 지금도 여전히 '완벽한 미국 사람'이나 '완벽한 한국 사람'처럼 보이기 위해 솔직한 내 마음을 숨기고 다른 사람의 의견을 따라갈 때가 있다. 그래서 주변 사람들로부터 "너 너무 순진한 거 아니야? 넌 너무 착해"라는 말을 듣곤 한다. 그럴 때마다 나는 '아, 내가 아직 가면을 쓰고 있구나. 더 솔직해지자'라고 마음을 돌이키곤 한다.

과거의 나는 겸손하게 보일 때도 있었지만 매사에 무관심한 사람처럼 보일 때도 있었다. 겸손한 가면을 쓰고 있을 때 누가 질문을 건네오면 "저는 이렇게 생각해요"라고 확신 있게 주장하기보다 "잘 모르겠지만 혹시 이건가요?"라는 식으로 모호하게 답하곤 했다. 특히 임포스터들은 말을 조심해야 하기 때문에 별로 생각 안 해봤다는 듯 '관심 없는 척하며' 말을 돌린다. 이런 식으로 대답하면 '나는 너와 다르다'는 것을 들키지 않으면서도 더 겸손해 보일 수 있기 때문이다.

조심스러워하면서 겸손한 가면을 쓰는 것이 이득이 될 때도 있다. 다른 사람들 눈에 착한 사람 혹은 좋은 사람으로 보이기 때문에 주변 사람들로부터 사랑받을 수 있고 사회생활도 잘할 수 있다. 연구에 따르면 동양인들은 미국인들에 비해 자기 생각을 드러내기 전에 '다른 사람들이 자기 의견에 동의하는지를 먼저 확인하는 것'으로 드러났다. 다른 사람과 자기의 생각이 다를 것 같으면, 자기 의견은 한쪽에 미뤄두고 다른 사람의 생각을 따라가려고 한다. 순응의 가면을 쓰면 겸손한 사람으로 보이고 사람들이 더 좋아하기 때문에 사회적으로 성공할 가능성도 더 높아진다.

◆ **틀려도**
　괜찮다는 마음

하지만 학습의 맥락에서 보면 겸손한 가면은 결코 이득이 되지 않는다. 이런 사실을 증명해주는 실험을 하나 살펴보자. 연구자는 실험참가자들이 실수할 때 보이는 행동을 살펴보고, 이들 가운데 어떤 사람이 실수에 더 잘 대처하는지 관찰했다. 실험에서는 참가자를 두 집단으로 나누어 비교했다. 한 집단은 오답을 말해놓고도 자기가 정답이라고 확신하는 사람들이었고, 또 다른 집단은 똑같이 오답을 말해놓고 그 답이 확실하지는 않다고 말하는 사람들이었다. 두 집단 다 똑같은 실수를 저질렀지만 자기의 메타인지 판단 혹은 타인에게 보여주는 가면은 서로 달랐다.

　연구자들은 오답을 정답이라고 확신하는 사람의 생각을 바꾸기가 더 어려울 거라고 가정했다. 가령 "나 그거 확실히 알아! 인구가 가장 많은 도시는 인도 델리야"라고 말하는 사람은, 다른 사람이 "아니야. 인구가 가장 많은 도시는 도쿄야"라고 정답을 말해줘도 자기가 확실하다고 믿는 답만 고집할 거라고 예측했던 것이다. 반면에 "확실하지는 않지만, 인구가 가장 많은 도시는 인도 델리인 것 같아"라고 조심스럽게 말하는 사람은 정답을 제시해줬을 때 지식 교정이 더 잘 일어날 것이라고 가정했다.

놀랍게도 실험결과는 연구자들의 예상과는 정반대였다. 오답인데도 자신이 맞다고 확신했던 학습자들이 오히려 자신의 실수를 더 잘 교정하는 것으로 드러났다. 이런 현상을 가리켜 과잉교정효과Hypercorrection Effect라고 한다. 확실하게 틀릴 때 더 정확하게 학습이 되는 것이다. 반면에 어정쩡하게 틀리면 실수를 교정하기가 더 어려워진다. 왜 이런 결과가 나타났는지 궁금하지 않은가?

연구자들도 그 이유를 놓고 무수히 논의를 거듭해왔지만 지금까지도 이렇다 할 해석을 내놓지 못하고 있다. 다만 그 답이 학습자의 관심 정도에 있을 거라고 추측하고 있다. 배우고자 하는 마음이나 관심이 더 클수록 학습이 촉진된다는 것이다. 나 역시도 이 해석에 동의한다. 관심을 두는 데서 더 나아가 자신의 견해를 확실하고 솔직하게 표현할 수 있게 되면, 실수를 정답과 더 잘 연관짓고 실수 및 실수를 정정했던 과정에 대해서도 더 오래 숙고하게 되는 것 같다.

그러니 겸손해 보이기 위해 자기 생각을 말하지 않으면 제대로 배울 수 있는 기회도 놓치게 된다. 사람들 앞에서 혹시라도 틀릴까 봐 자신의 메타인지 판단에 솔직해지지 못한다면, 그 주제에 관심을 가지게 되기는커녕 실수했던 사실만 더 오래 기억하게 된다. 겸손한 모습이 좋다는 착각은 이제 좀 버렸으면 좋겠다. 실수를 숨기려고만 하면 실수를 교정할 기회도 갖지 못한다. 행여 틀리더라도 자신이 맞다고 생각하는 것을 솔직하게 드러내면 잠깐은 잘난 척하는 사람으로 보일 수 있어도, 이후에는 실수를 극복함으로써 더 성공적인 학습 기회를 얻게 될 것이다. '나는 언제든 실수할 수 있다. 그리고 관심 있는 것을 제대로 배우기 위해 내 생각을 언제든 정정할 수 있다'는 사고방식이야말로 내가 생각하는 진정한 겸손의 태도이다.

무조건 동의하면 나를 좋아해줄 거라는 기대

"나는 잘 못해"라는 말은 때로 "나는 배울 자신이 없어" "나는 별로 관심이 없어"라는 말로 들릴 때가 있다. 상대는 그 말을 액면 그대로 믿을 수밖에 없다. 그러면 대화는 더 진전되지 못하고 거기서 끝나버리고 만다. 또 겸손해야 하기 때문에 "네 생각이 다 옳아"라고 수긍해버리거나, 반박하고 싶은 맘이 있어도 꾹 누른 채 다소곳이 있으면, 내 마음과는 반대되는 그 겉모습이 사실이 돼버리고 만다.

하지만 "내 생각은 이거야"라고 자기 견해를 내놓으면 그때부터는 서로 다르게 생각하는 이유와 근거를 놓고 대화를 시작할 수 있게 된다. 이런 소통과 교류 속에서 서로에 대한 이해와 상대의 의견에 대한 존중이 생겨날 수 있다. 학습은 바로 이런 경험을 해나가는 과정이다.

임포스터는 자신이 다른 사람들과 다르다는 것을 들킬까 봐 자기 생각을 제대로 말하지 못한다. 공연히 내 생각을 얘기해서 귀찮은 일을 만들까 걱정돼서, 혹은 온순하고 얌전한 자신을 사람들이 더 좋아할 거라고 믿어서 자기 생각을 드러내지 않을 때도 있다.

또 내 생각을 말하지 않는 대상이 부모나 교사라면 침묵을 겸손의 태도라고 오해하고 있을 수도 있다. '조용히 입을 다물고 있으면 나를 착한 아이라고 생각해서 더 잘해주시겠지?' 나도 비슷한 생각을 한 적이 많았다. 무조건 상대에게 맞추고 무조건 "예스"라고 말하면 장차 내게 더 이득이 될 거라고 생각했었다.

◆ '착한 학생' '착한 아이'가
　　쓰는 가면

박사과정을 처음 시작했을 때 나는 엄청난 벽에 부딪혔다. 나는 줄곧 시키는 대로만 하는 착한 모범생이었기 때문에, 박사과정에 진학한 후에도 무조건 교수님이 시키는 대로 하려고 했다. 본격적으로 박사연구가 시작되자 지도교수님은 매주 월요일마다 내 연구 아이디어를 가지고 미팅을 하자고 했다. 나는 엄청난 불안감에 휩싸였다. '어떡하지? 내게 무슨 아이디어가 있겠어? 나는 아무 생각이 없는데…….'

그 후로 1년 동안 나는 월요일 오전 미팅에 꼬박꼬박 참석해 지도교수님을 만났다. 지도교수님은 연구에 대한 내 의견을 듣고 싶어 했다. 하지만 나는 '자기 생각이 별로 없는 내 모습'을 교수님께 자주 들킬 수밖에 없었다. 당시엔 많이 부끄러웠지만 지금 돌이켜 보면 더없이 소중한 시간들이었다. 임포스터 가면을 벗을 수밖에 없었던 최초의 시간이었기 때문이다.

그러나 한편으로는 내 임포스터이즘이 더 왕성해지는 시간이기 도 했다. 교수님 앞에서는 어쩔 수 없이 가면을 벗어야 했지만, 박 사과정을 함께하는 동료들에게는 부족한 내 모습을 죽어도 들키 고 싶지 않았다. 동료들은 하나같이 똑똑하고 자기 생각을 펼치는 일에 꽤나 익숙한 듯 보였다. 그들은 어쩐지 나와 다른 차원의 존 재들 같았고, 그래서 나 스스로가 자격 없는 사람처럼 느껴졌다. 나는 내 부끄러운 모습을 들키지 않기 위해 가면을 더 열심히 쓰기 시작했다.

언젠가 박사과정을 같이했던 친구와 나눴던 대화가 기억난다. 그날 우리는 영화에 대한 이야기를 나누고 있었다. 친구가 말했다. "〈대부〉는 정말이지 최고의 영화야." 〈대부〉를 본 적 없는 나는 혹 시 나만 그 영화를 못 본 건가 싶어 속으로 뜨끔했지만 겉으로 무 심한 척 동의했다. "아, 그렇구나." 내가 크게 관심을 두지 않는 것 처럼 보였는지 친구가 언성을 높였다. "리사! 이건 팩트라고!"

나는 속으로는 '그건 네 의견일 뿐이잖아. 어째서 팩트라고 우기 는 거지?'라고 생각하면서도 〈대부〉에 대해 아무것도 아는 게 없 다는 이유로 친구 생각에 황급히 동의해주었다. 하지만 그것으로 대화는 끝이 나고 말았다. 시시하게 끝나버린 짧은 대화였지만 나는 그 기억이 지금까지도 생생하게 남아 있다. 나는 그때 왜 내 생각을 말하지 못했을까?

가능성을 제한하는
권위주의적인 말

여기 자기 표현과 관련된 실험이 하나 있다. 연구진은 대만/일본인 참가자와 미국/캐나다인 참가자를 대상으로 자신의 의견을 얼마나 잘 표현하는지 설문조사를 실시했다. 실험결과를 비교하자, 대만/일본인 그룹이 미국/캐나다인 그룹에 비해 자기 의견을 덜 표현하거나 아예 표현하지 않는 것으로 드러났다.

설문지에는 "대학에 진학하는 것이 얼마나 중요할까?" "시험을 볼 때 얼마나 긴장될까?" 같은 문항들이 포함되어 있었고, 참가자들은 자신이 동의하는 정도를 7점짜리 리커트 척도(1 – 전혀 동의하지 않는다, 7 – 매우 동의한다)에 표시하게 되어 있었다. 이 실험에서는 질문에 대한 응답 내용보다는 참가자들의 응답 분포 패턴을 확인하는 것이 더 중요했다. 미국/캐나다인 참가자들은 1이나 7 같은 극단값들에 체크를 한 반면, 대만/일본인 참가자들은 3이나 4 같은 중간값에만 체크하는 경향이 있었다. 이는 대만/일본인 참가자들이 자기 의견을 명확하게 표시하지 않는다는 것을 의미한다.

나는 미국인이지만 앞 실험의 대만/일본인 참가자들처럼 내 견해를 별로 드러내지 않는 편이었다. 그래서 그 친구가 영화에 대한 본인의 견해를 '팩트'인 것처럼 표현했을 때 동의하는 척했던 것이다. 이런 '척하는' 내 행동들은 다른 비슷한 상황들에서도 똑같이 반복됐다. 친구랑 대화를 하다가 잘 모르는 주제가 나오면 관심 없는 척하거나, 수업을 듣다가 모르는 내용이 나와도 질문하지 않고 그냥 따라가기만 했다. 그래서 스스로 더 창의적인 학습을 할 수 없었던 듯하다.

대화 중에 누가 "이건 팩트야"라고 말하면 왜 듣는 사람이 입을 다물 수밖에 없는지 생각해봤다. 뭔가가 팩트로 정의되면 그것에 반박하는 대화는 더이상 필요하지 않다는 판단이 선다. 팩트를 판단하는 데는 메타인지가 필요 없다. 사실에 대해서 우리는 판단을 내릴 필요도, 내 생각과 능력을 컨트롤할 필요도 없다. 대화가 소용이 없어지는 것이 그런 이유 때문이다.

무리 중에 자기보다 의견이 센 사람, 즉 자기 생각이 팩트라고 주장하는 사람이 있으면 쉽사리 내 생각을 드러낼 수가 없다. 모두가 팩트에 동의할 경우 다양한 의견이 나오기 어렵다.

메타인지는 다른 의견을 받아들일 수 있어야 하는 것인데, 겸손하게 보여야 한다는 생각 때문에 팩트를 따라가게 되면 상황상 추가적인 학습이 어려워진다. 팩트가 누구에게나 동일하다는 생각 역시 하나의 편견일 뿐이다.

◆ **자신을 믿고**
  자기 의견을 말할 용기

나와 연구진이 진행한 실험들 가운데 이 문제를 다룬 심리학 실험이 있다. 메타인지에 대한 또 다른 편견이 이 실험을 통해 밝혀졌다. 연구진은 실험참가자들에게 '돈이 곧 힘이다' '부모가 똑똑할수록 아이들도 똑똑하다' '여자는 외모 관리를 하는 것이 중요하다'처럼 '의견' 혹은 '팩트'를 기술한 문장들을 읽게 한 후 7점 리커트 척도를 통해 설문지에 응답하게 했다. 동시에 팩트나, 의견이라는 것에 '얼마나 동의하는지'에 대해서도 리커트 척도로 답하게 했다.

　한국인 참가자들과 미국인 참가자들의 응답을 비교한 결과, 두 그룹 모두 '팩트'로 여겨지는 문장들에 대해서 '의견'이 아니라고 답했다. 그리고 '의견'이라고 여겨지는 문장에 대해서도 두 그룹 다 '팩트'가 아니라고 응답했다. 그런데 흥미롭게도 참가자들 대부분이 '팩트'라고 생각했던 문장에 대해서는 매우 높은 정도로 '동의'한다고 체크했다.

　자신이 믿는 걸 팩트라고 생각하는 것은 매우 위험한 메타인지 착각이다. 사람들은 자신이 동의하는 정보에 대해서는 그것이 사실이라고 판단하는 경향이 강하다. 하지만 내가 동의한다고 해서 그 말이 꼭 사실인 것은 아니다. 또한 그 정보에 대해 더이상 논의할 필요가 없다는 의미도 아니다.

그래서 나는 자기 의견을 잘 말하지 못하거나 무조건 타인의 생각을 따라가는 사람들이 때때로 자신에게 해로운 결과를 초래할수 있다고 여긴다. 임포스터도 마찬가지다. 자신의 생각을 숨기기위해 다른 사람의 말에 동의하는 척하다 보면 종국에는 자기 자신을 표현하는 법을 잊게 된다.

다른 사람의 팩트에 순응하느라 자기 의사표현을 포기하는 것이 내게는 왠지 자기를 버리는 일처럼 느껴진다. 때문에 자기 스스로를 '구원하는 것'이 정말로 중요하다고 믿는다. 겸손해 보이고싶어서든, 내 의견이 별로 중요하지 않다고 여겨서든, 자기 의견을 표현하지 않으면 대화도 금세 단절되고 배움도 더이상 일어나지않는다.

'엄마 아빠가 나보다 더 잘 알겠지. 무조건 엄마 아빠 말을 따라야 해'라고 생각하는 아이는 순종적이고 소심한 사람으로 성장할가능성이 크다. 그래서 나는 "이건 팩트다"라는 말은 가능하면 입에 담지 않으려고 한다. "넌 틀렸어" 같은 권위주의적인 어휘들 또한 아이의 사고 스펙트럼을 넓히는 데 장애물이 될 뿐이다.

메타인지는 스스로에 대해 계속해서 성찰하게 하는 능력인데, 극단적 표현은 이러한 능력의 발달을 저해한다. 가급적 아이들에게 "나는 이렇게 생각하는데 너는 어때?" "그건 잘 이해하는 것 같은데 또 다르게 생각해볼 수는 없을까?" 하는 식으로 이야기하는 것이 좋다. 그럴 때 아이들은 자신이 한 말을 되돌아보고 자기 생각도 더 발전시켜 나갈 수 있다.

부족한 것에만
집중할 때 생기는 문제점

나는 한때 개인적인 의견을 드러내지 않는 것이 겸손이라고 생각했다. 미국에서 대학을 졸업하고 처음으로 한국의 한 대학 실험실에서 일하게 된 적이 있다. 기회를 얻은 것이 너무나 감사해서 함께 일하는 사람들에게 겸손한 모습을 보여주고 싶었다. 말을 많이 하면 서툰 한국어 실력이 드러날까 봐 나는 가능하면 조용히 지내면서 묻는 말에만 짧게 답하곤 했다.

실험실 미팅이 잡혀 있는 어느 날이었다. 나는 그 실험실 학생이 아니라서 굳이 미팅에 참석하지 않아도 되었지만, 한국에서 주어지는 모든 기회들이 너무나 값져서 감사한 마음으로 그 미팅에도 참석하기로 했다. 실험실에 나타난 나를 보고 교수님이 "리사는 왜 왔어?"라고 물었다. 겸손하게 보이고 싶은 마음에 나는 들릴

듯 말 듯한 목소리로 짤막하고 나지막하게 대답했다. "그냥 왔어
요." 그런데 대답이 끝나기가 무섭게 교수님이 소리를 버럭 질렀
다. "그런 식으로 할 거면 당장 나가!"

그때는 교수님이 왜 화를 내는지 도무지 이해할 수 없었다. "그
냥"이라고 했던 것이 무성의한 태도로 보였다는 걸 알게 된 건 한
선배의 설명을 통해서였다. 조용한 목소리로 짤막하게 답하는 것
이 결코 겸손한 태도가 아니란 걸 나는 뒤늦게야 깨달았다.

◆ 교수를 찾아오는
두 부류의 학생들

학생면담 시간에 나를 찾아오는 학생들은 대개 두 부류로 나뉜다.
첫 번째 부류는 오피스에 들어오자마자 교과서를 펼쳐 보이며 "교
수님, 저는 이번 주에 이 부분을 읽고 이러이러하게 이해했어요.
근데 여기는 잘 이해를 못하겠어요"라고 이야기하는 학생들이다.

이런 학생을 만나면 공부한 내용에 대해 얼마나 이해하고 있는
지가 금세 파악된다. 그리고 이런 학생이야말로 정말로 겸손한 사
람이란 생각이 든다. 자기가 관심이 있어 열심히 배우긴 했지만
"아직은 다 모른다"고 자신의 상태를 솔직하게 표현하기 때문이
다. 이런 학생들은 교수인 내가 도움을 주면 더 잘 이해하게 될 거
라는 믿음이 생긴다.

두 번째 부류는 무작정 나를 찾아와서 "그냥 다 잘 이해가 안 돼

요"라고 말하는 학생들이다. 내가 "어디까지 읽고 어디까지 이해했어요?"라고 물으면 우물쭈물 모르겠다는 말만 되풀이한다. 좀더 대화를 진행시켜보면 이 학생들도 다른 학생들 못지않게 열심히 공부했고 웬만큼 이해도 하고 있지만, 자기 지식이 완벽하지 않다는 이유로 "그냥 다 모른다"고 얼버무리는 것이다.

이런 학생들은 스스로를 '못하는 사람'이라고 미리 결정해버린 듯 보인다. 그들의 모습에서는 겸손하고자 하는 의도가 엿보이는데, 특히나 교수 앞에서 자기가 뭔가를 '안다'고 말하는 것이 잘난 척처럼 보일까 봐 말을 아끼는 것이다. 물론 자신이 아는 것에 확신이 없어서 그런 것일 수도 있다. 이렇게 무엇을 알고 무엇을 모르는지를 명확히 표현하지 않으니 나도 그들을 어디에서부터 어떻게 도와야 할지 막막해질 때가 있다.

초등학교 수업시간에 선생님이 숙제 검사를 한 적이 있다. "1번 문제 풀 수 있는 사람?" 이에 몇몇 학생들이 손을 들었고, 선생님은 그중에 한 명을 불러내 칠판에다 풀이 과정을 적어보라고 했다. 당시에 나는 '나는 이미 다 알고 있는 문제를 왜 또 풀어야 하지?'라고 생각하면서도 앞에 나가 문제 푸는 것을 자랑스럽게 여겼다. 후에 대학원생이 되어서 논문을 읽던 중에 이미 알고 있는 것을 다시 말해보게 하는 것이 미국식 학습법이라는 설명을 우연히 접하게 되었다. 반면 일본 교실에서는 선생님이 "1번 문제 풀기 어려운 사람?" 하고 물으면 문제를 풀지 못한 학생이 친구들 앞에 나와 그 문제를 푼다.

내 아이들을 한국과 미국에 있는 학교와 학원에 모두 보냈던 나는 두 나라의 학습방식에 차이가 있음을 실제로 확인할 수 있었다. 미국 교실에서는 "이 문제를 풀 수 있는 사람 있으면 나와서 풀어보렴" 하는 반면, 한국 교실에서는 "어떤 문제를 못 풀었니?"라고 묻는다. 두 방법 다 나름의 장점이 있지만 한국 선생님처럼 물을 경우 아이들은 자신이 아는 것을 표현하는 법은 배우지 못할 수 있다. 또 학생들은 아는 것을 말하면 잘난 척처럼 보인다고 은연중에 배우는 듯하다.

나는 교수로 재직하며 다양한 국적의 대학생들을 만나봤지만, 유독 한국 학생들이 겸손해 보이기 위해 자신이 아는 것을 감춘다고 느꼈다. 그러나 겉으로 드러나는 겸손한 태도 때문에 교수로서 그들을 돕는 일이 더 힘들어질 때도 있다. 학생들이 얼마나 아는지, 어디까지 이해했는지 도무지 종잡을 수 없기 때문이다. 가끔은 내가 너무 쉬운 것부터 설명을 하다 보니, 설명을 다 들은 학생으로부터 "그 부분은 이미 알고 있었어요"라는 대답을 듣기도 한다. 이 얼마나 아까운 시간 낭비인가.

메타인지 즉 자신을 비추는 거울을 들여다보면서 우리가 무엇을 알고 무엇을 모르는지 생각하는 시간을 가졌으면 한다. 그리고 학교에서 어떤 아이가 자신이 아는 것을 당당하게 얘기했다고 해서 '저 아이는 겸손하지 않다'고 오해하지 않았으면 한다. 대신 "지금까지 참 잘 배웠구나. 그럼 지금부터는 또 어떤 걸 배워볼까?" 같은 질문으로 아이가 메타인지를 장기적으로 활용할 수 있도록 도와주면 좋겠다.

무조건 겸손하기보다 자신이 아는 것은 아는 대로 인정하고 거기서부터 좀 더 배우려는 마음가짐이 더 중요해 보인다. 내가 모르는 것에만 너무 초점을 두게 되면 메타인지 능력의 절반은 기르기가 어려워진다.

메타인지는 이미 잘하는 것과 아직은 못하는 것을 구별하는 능력이다. 잘하는 것을 당연하게 생각하고 과소평가해버리면 이런 구별 자체가 사라져 자신의 학습방향을 조절하기 힘들어진다. 내가 아는 지식을 매번 남들 앞에서 떠벌일 필요는 없다. 정말로 중요한 것은 내가 지금까지 배워온 것에 대해 스스로 인정해주는 일이다. 나는 이러한 태도야말로 진정한 겸손이라고 믿는다.

잘하고 싶으면서도
보상은 두려워하는 심리

초등학생 때 가족들과 소풍을 간 자리였다. 큰 태권도 학원에서 주최하는 행사여서 근처에 거주하는 많은 한국인 가족들이 참여했다. 다같이 즐거운 시간을 보내던 중에 아이들이 행사장에 준비되어 있는 마이크를 들고 신이 나서 노래를 불렀다. 나도 노래 부르는 것을 좋아해서 덩달아 마이크를 잡고 'It's a small world'라는 동요를 큰 소리로 불렀다. 내 노래가 끝나자 모든 사람들이 박수를 보내주었다.

나는 노래하는 건 신이 났지만 박수를 받는 것은 싫었다. 이미 가면을 쓴 임포스터였기 때문에 나에게는 '성공에 대한 두려움'이 있었다. 사람들로부터 칭찬을 받자마자 '내가 박수를 받을 만큼 잘한 건 아닌데……'라는 생각과 함께 앞으로도 완벽하게 노래를 불러야 한다는 압박감이 느껴졌다. 평소에도 '무엇이든 완벽하게 해내지 않으면 안 돼' '실수하면 어쩌지?' 하는 생각이 많았는데 아니나 다를까 그날도 박수를 받으면서 마음이 불안해졌다.

나는 당장 마이크를 내려놓고 가족이 있는 곳으로 도망치듯 뛰어갔다. 그리고 사람들 앞에서 노래 부른 것을 후회했다. 가족들 틈에 조용히 숨은 채 불안한 마음을 다독일 작정이었지만, 소풍이 끝나기 직전 사회자가 마이크를 잡고 깜짝 놀랄 발표를 했다. "오늘 노래를 아주 잘 불러줄 리사에게 이 트로피를 주고 싶습니다! 리사, 앞으로 나와서 트로피 받아 가세요!"

그 말을 듣는 순간 덜컥 겁이 났다. '나는 노래를 잘하는 아이가 아닌데 어떻게 상을 받을 수 있지?'라는 생각이 든 것이다. 그리고 '트로피는 자랑하기 위해서 받는 상 아닐까? 잘난 척하면 안 돼' 하는 생각에 상을 받지 않겠다고 버텼다. 내 뒤에 서 있던 엄마는 "리사, 가서 트로피 받아! 너 그만하면 충분히 잘 불렀어"라며 용기를 주었지만 끝까지 받지 않겠다고 고집을 부렸다.

임포스터들은 쉽게 불안을 느낀다. 게다가 보상을 받는 것이 겸손하지 못한 행동이며 모든 사람을 기만하는 행위라고 느끼는 경우도 많다. 또 인정을 받는 순간 '보잘것없는 진짜 실력'이 들통날까 봐 더 불안해진다. 임포스터들은 주어진 일을 잘하고 싶어 하면서도 보상을 받지 않으려는 경향이 있다.

남들과 똑같이 성공했으면서도 보상을 거부하는 임포스터의 성향을 구체적으로 보여주는 연구 데이터는 지금까지 없었다. 임포스터들은 성공의 두려움 때문에 실제로도 성공을 기피할까? 가면 뒤의 모습을 들킬지도 모른다는 두려움 때문에 정말로 보상을 받지 않으려고 할까?

우리가 생각하는 임포스터이즘이 하나의 심리 현상이 아닌, 한 사람의 인생을 고통스럽게 만드는 중대한 문제일 수 있기에 나와 연구자들은 이와 관련된 실험을 진행하게 되었다.

◆ '진짜 실력을 증명하라고 할까 봐 두려워…'

실험은 대학생 두 명이 픽셔너리Pictionary라는 보드게임을 하는 것으로 진행되었다. 총 스무 번의 세션을 진행하는 동안, 행동 단어를 보고 그림을 그리는 사람과 그 그림을 보고 정답을 맞히는 사람의 역할을 계속 바꾸게 했다.

이 실험에서 중요한 점은 두 학생이 협동하여 정답을 맞힌다는 사실이었다. 여기서 우리 연구진은 학생들이 정말로 '우리가 함께 성공을 이뤄냈다'고 믿는지를 알고자 했다. 그래서 게임에 성공할 때마다 두 학생에게 3점을 주었다. 두 사람은 자신이 생각하는 기여도를 가지고 이 점수를 나눠 가져야 했는데, 각자가 어떻게 점수를 나눴는지 알 수 없도록 했다. 예를 들어 1차 성공 시에는 주어진 3점을 '나는 2점, 파트너는 1점', 2차 성공 시에는 '내가 1점, 파트너는 2점' 하는 식으로 나눈다면 나와 파트너는 거의 동일한 포인트를 가져갈 수 있게 된다.

스무 번의 게임 세션이 끝난 후 모든 참가자들에게 임포스터 척도를 주고, 이를 통해 임포스터이즘이 높은 학생과 낮은 학생을 구별했다. 데이터 분석 결과 임포스터이즘이 낮은 학생들은 점수를 공평하게 분배했다. 이 학생들은 파트너와 내가 함께 노력해서 성공했으니 보상도 동일해야 한다고 생각한 것이다.

반면 임포스터이즘이 높은 학생들은 점수를 공평하게 분배하지 않고 자신에게 더 낮은 점수를 주었다. 스스로를 임포스터라고 생각하고 실제로 임포스터이즘이 높은 학생일수록 파트너에게 더 많은 점수를 주는 경향이 있었다. 같이 협력해서 성공했지만 임포스터이즘에 따라 점수를 나누는 방식이 달랐다.

이와 비슷한 실험들이 아직 많지는 않다. 그러나 이러한 실험결과를 보면 걱정이 앞선다. 임포스터들은 다른 사람들처럼 똑같이 열심히 노력하지만 성공에 대한 보상을 더 적게 받아야 한다고 믿는 것이 아이러니하기 때문이다. 그 이유가 무엇일까? 내 견해로는, 임포스터들은 성공하고 싶음에도 불구하고 인정받는 것을 두려워하는 듯하다. 박수, 상, 돈과 같은 보상을 받는 것은 진짜 잘했다는 사실을 인정받는 일임에도 그들 스스로는 잘난 척이라고 믿는 듯하다.

직장인들이 업무 실적에 미달하는 불합리한 수준의 연봉을 받으면서도 적극적으로 임금 인상 요구를 못하는 이유가 한편으로는 이해가 간다. 나 역시 일을 하면서 내가 얼마나 버는지 그리고 다른 학교 교수들의 수입이 얼마나 되는지 별로 알고 싶지 않을 때가 있다. 내가 더 적게 받는 것을 알게 됐을 때 불공평하다는 생각에 기분이 나빠지는 것보다 돈을 더 받아야 한다고 욕심을 내는 게 나로서는 더 어려운 일이기 때문이다. 적극적인 자기 욕구 피력을 부담스러워하는 나로서는 지인들로부터 "리사, 그걸 알고도 가만히 있으면 안 돼! 정당한 보상을 받으려면 적극적으로 싸워야지!" 하는 말을 듣게 될까 봐 걱정이 된다.

게다가 임포스터 성향이 있는 사람은 높은 연봉을 받을 만한 자격이 없다는 사실을 사람들이 알게 될까 봐 불안해질 수도 있다. 연봉협상 시기가 돌아올 때마다 이렇게 생각하는 사람들이 많지 않을까? 나의 연봉협상 장면을 상상하면 다음과 같은 대화가 떠오른다.

나: 제 연봉이 조금 낮다는 생각이 듭니다. 올해부터는 연봉을 인상해주셨으면 합니다.
학과장 교수: 그렇다면 선생님이 지난 몇 년간 진행해오셨던 굵직한 프로젝트나 그동안 쌓아오신 업적에 대해 먼저 얘기해주십시오.

학생의 경우에도 비슷한 시나리오가 펼쳐질 듯하다.

나: 선생님, 제 과제물에 B를 주셨는데요. 왜 A가 아닌지 알고 싶습니다.

선생님: 그렇다면 학생 에세이가 왜 A를 받아야만 하는지 그 근거를 먼저 대보세요.

이렇게 성과를 입증해보라는 요구를 받는 순간이 임포스터에게는 악몽처럼 느껴질 수 있다. 실제로 나에게 그렇게 대단한 성과나 능력이 없다는 사실을 들킬 수도 있고, 나의 성공을 드러내는 것이 잘난 척처럼 보일까 봐 침묵하는 것이 더 낫다고 여길 수도 있다.

혼자 다 책임지는 것이
착한 행동일까?

앞서의 픽셔너리 실험을 끝내기 전 참가자들에게 마지막 질문을 던졌다. "이 게임에 당신은 어느 정도나 책임이 있다고 생각합니까?" 참가자들이 각자의 기여도에 따라 점수를 나누는 실험에서 임포스터 성향이 높은 학생들은 어느 정도나 책임감을 느끼고 있는지 알아보는 것이 이 질문의 의도였다.

연구진은 첫 번째 질문에 이어, 게임에서 맡았던 역할에 따라 실험참가자들에게 추가 질문을 건넸다. "그림을 그리는 역할(문제를 내는 입장)일 때는 어느 정도나 책임이 있었다고 생각합니까?" "추측하는 역할(문제를 맞히는 입장)일 때는 어느 정도나 책임이 있었다고 생각합니까?"

임포스터 성향이 높은 학생과 낮은 학생은 서로 다른 답을 내놓았다. 임포스터 성향이 낮은 학생들은 역할과 상관없이 자신과 파트너에게 비슷한 정도의 책임이 있다고 응답한 반면, 임포스터 성향이 높은 학생들은 자신이 문제를 내는 역할을 했을 때 더 책임감을 느꼈다고 했다.

그렇게 답한 이유를 정확히 알 수는 없지만, 이 대목에서 임포스터가 느끼는 책임감에 대해 생각해봤다. 임포스터들은 다른 사람 앞에서 겸손해 보여야 한다고 느끼면서 동시에 자기의 부족함을 숨기려는 경향이 강하다 보니 더 큰 책임감을 느낀 것이 아닐까? 다시 말해 '나는 많이 부족하고 여기 있을 자격이 없으니, 내가 이 자리에 있으려면 훨씬 더 많이 노력해서 벌충해야 한다'고 생각해 자신에게 더 많은 책임감을 부여하는 듯하다.

중고등학교 때 나는 다른 학생들과 그룹과제를 함께 한 적이 많았다. 반 친구 여러 명과 책을 읽고 독서감상문을 함께 쓰는 과제였다. 완벽주의 임포스터 성향 때문에 잘하고 싶은 마음이 컸던 나는, 다른 친구들이 나에게 더 큰 부담을 지울 때도 아무렇지 않게 그 책임을 떠안고는 했다. 친구들은 '리사는 원래 잘하는 애'라고 생각했고, 나는 그 친구들과 같은 그룹에 있을 자격을 얻으려면 어떤 역할이든 떠맡아야 한다고 여겼다. 무엇보다 그렇게 하면 친구들 사이에서 겸손한 사람으로 보일 뿐만 아니라 다른 친구들이 나를 더 좋아해줄 거라고 믿었다.

같은 프로젝트를 해도 임포스터들은 동료들과 같은 자리에 있을 자격이 없다고 생각한다. 그리고 자신의 부족한 실력을 들키지 않기 위해 그만큼 벌충하려 과도하게 애를 쓰는 경우가 많다. 열심히 하면 최소한 남들과는 비슷한 수준이라는 걸 증명할 수 있을 테고, 운이 좋아 과제나 프로젝트가 성공하면 동료들로부터 호감을 얻게 될 거라고 믿기 때문이다.

◆ 나는 열심히 했어, 라는 자기 인정부터

나는 책임지는 것은 착한 행동이라고 줄곧 생각해왔다. 어른이 되고 교수가 된 후로도 그런 생각은 크게 달라지지 않았다. 교수들은 보통 자기 연구에 시간과 에너지를 쏟으려고 한다. 하지만 학교에서 다른 업무들이 생기면 연구에 쓸 시간이 자연히 줄어들 수밖에 없다.

특히 지난 2년 동안은 코로나19로 인해 온라인 수업이 진행되면서 예상치 못한 문제들이 생겨났다. 모든 학생들이 온라인 수강에 필요한 노트북을 구비하고 있는지, 집에서 무선 인터넷 사용이 가능한지 일일이 점검해야 하는 상황이 벌어진 것이다. 결국 학생들을 돕기 위해 교수진도 여러 위원회를 만들어 대처해야 했다.

교수마다 반응은 달랐다. 시간이 없다며 위원회 활동을 고사하는 이가 있는가 하면 기꺼이 수락하는 이들도 있었다. 나 역시 업무 과부하로 힘에 부친 상황이었지만 거절은 꿈도 꾸지 못했다. 그런데 문득 궁금해졌다. 이런 상황에서 스스로 못하겠다고 하는 사람과 그렇지 않은 사람은 무엇이 다른 걸까?

솔직히 나는 누군가 도움을 청했을 때 '지금은 바빠서 돕기 어렵다'고 거절하는 사람들을 이기적이라고 생각했었다. 하지만 다시 생각해보면 그것은 이기적인 행동이 아니라, 스스로 무리하지 않기 위해 솔직함을 선택한 것일 수도 있겠다는 생각이 들었다. 다 괜찮은 척하면서 혼자 책임을 떠맡으려 하지 않고 말이다.

코로나19 같은 심각한 상황에서는 자기 일을 멈추고 문제해결에 동참하는 것도 맞다. 하지만 여기서 말하고 싶은 것은 자기 시간과 노력을 그토록 많이 투여해놓고도 보상받기를 거부하는 임포스터의 성향이다.

앞선 실험의 임포스터 성향이 높은 학생들이 얻은 최종 점수에서도 이런 문제가 두드러진다. 그들은 파트너보다 더 많은 책임을 느꼈고 성공 결과와 관련해서도 파트너에게 더 많은 점수를 양보했다. 더 열심히 했다면 더 많이 혹은 비슷하게라도 보상을 받아야 하건만 더 적게 받기를 자처한 것이다. 자기 노력을 스스로 인정해주지 않은 셈이다. 이들은 노력한 만큼 '나는 열심히 했어'라는 믿음을 갖는 것이 잘난 척이 아니라 올바른 메타인지라는 것을 알아야 한다.

자신을 객관적으로 보는
연습 먼저

좋은 학교를 다니면서 굳이 먼저 자신이 어느 학교에 다니는지 말하는 건 잘난 척이라고 생각하는 사람들이 종종 있다. '하버드대'를 다닌다고 말하는 대신 '메사추세츠에 있는 학교'에 다닌다고 돌려 말하는 경우도 있다. 이런 식의 겸손한 행동은 다른 사람들이 질투하거나 부러워하지 않도록 자기 성공에 대한 보상을 피하는 행동이 될 수 있다. 특히 임포스터들에게 '겸손은 타인을 의식하고 배려하는 것'이라는 믿음이 있어서 성공을 인정받는 것을 피하거나 성공했다는 사실을 숨기려고 한다.

나는 다른 사람들과 자신을 비교해서 자신이 더 잘났을까 봐 두려워하는 마음은 진정한 겸손이 아니라고 생각한다. 오히려 그 반대다. 마음속으로 '내가 하버드대에 다닌다는 것을 알면 저 사람이 질투하겠지?'라고 생각한다면 이것이 어떻게 겸손이겠는가. 이렇게 생각하는 것이야말로 잘난 척이다.

그렇다면 진정한 겸손은 무엇일까? 아무리 고민해도 쉽게 답이 떠오르지 않는다. 하지만 겸손에 대한 정의보다 더 중요한 것이 있다. 타인과 자신을 비교하는 것보다 자신의 상태를 객관적으로 들여다보는 메타인지 능력을 발휘하는 일이다. 우리는 타인은 물론이고 자신의 인지 또한 완벽하게 알 수 없기 때문에, 메타인지를 통해 끊임없이 인지에 대해 인지하는 과정을 거쳐야 한다.

동시에 겸손하게 살고 싶다면 나의 과거와 현재 모습을 생각하고 조절하는 것이 맞는 듯하다. 나 자신을 돌아보며 무엇을 잘했는지, 어떻게 성공했는지를 분석하고 나의 도움이 필요한 다른 사람들에게 도움을 주는 것이 진정으로 겸손한 행동이라고 나는 믿는다. "어느 학교 다녀?"라는 질문을 받았을 때 하버드대라고 하면 잘난 척이 될까 봐 걱정할 게 아니라, 나에 대한 정보를 솔직하게 공유하고 상대가 가고자 하는 하버드대에 대한 정보를 나눠주는 것이다.

그런 대화를 통해 내가 할 수 있으면 너도 할 수 있다는 용기와, 누구든 노력한 만큼 성공할 수 있다는 믿음을 줄 수 있지 않겠는가. 결국에는 나 자신을 인정하면서 다른 사람도 도울 수 있는 기회를 찾는 것이 진정한 겸손의 태도라 생각한다.

"무슨 일 하세요?"라는 질문에 나는 오랫동안 교수라고 답하지 못했었다. 좀 더 겸손하게 들리도록 "학생들 가르쳐요"라고 말하곤 했다. 돌이켜보니 이 역시 나의 임포스터 성향 때문이었던 것 같다. 내가 교수라고 말하면 사람들이 나를 추켜세울까 봐, 혹은 남들로부터 질시를 받을까 봐 부담스럽고 두려웠다. 나의 이런 행동은 겸손이 아니라 착각이었다. 그저 운 덕분에 이 자리까지 왔다는 말로 지금까지의 노력을 부정하는 것은 교수직에 대한 조언이 필요한 사람에게 도움을 줄 기회를 버리는 것이나 다름없었다. 메타인지를 연구하면서 나는 덮어놓고 겸손하게 보이려 하는 태도를 점차 바꿔나갈 수 있었다.

이제는 누가 나에게 직업을 물으면 곧바로 교수라고 대답한다. 그렇게 말하면 항상 좋은 대화가 시작되는 것 같다. 내가 가르치는 전공이나 연구 분야로 자연스럽게 화제가 전환되면서, 내가 교수가 되기까지 얼마나 힘들고 어려웠는지 더 솔직하게 이야기하게 된다. 또 상대가 교수가 되고 싶어 하는 사람이라면 교수로 임용되기까지 어떤 준비가 필요한지 상세히 알려줄 수도 있다.

이런 대화는 '무슨 일이든 타고난 사람이 따로 있다'는 착각을 없애주고 '누구든 노력으로 못할 일이 없다'는 생각을 심어준다. 내가 특별해서가 아니라 열심히 노력했기 때문에 원하는 것을 이뤄냈다는 생각은 내게 진정한 겸손이 무엇인가를 깨닫게 해주었다.

겸손한 마음을 갖기란 사실 쉽지가 않다. 그래서 나는 우리 아이들의 무의식에도 겸손한 마음이 올바르게 녹아들 수 있도록 다음과 같은 말들을 평소에 들려주곤 한다. "엄마는 너희들이 공부로 경쟁해서 다른 친구들을 이기는 것보다 바르게 자라는 게 훨씬 더 좋아.""너희들이 착한 행동을 하면 얼마나 자랑스러운지 몰라."

이제는 선함을 떠올리면 겸손한 마음이 생각나고, 겸손한 마음을 생각하면 올바른 메타인지가 떠오른다. 우리는 실수투성이 과정을 통해 어렵고 서툴고 더디게 그러나 마침내 원하는 목적지에 도달한다. 메타인지에는 내가 해낸 모든 과정을 인정하는 것이 포함되어 있다. 우리는 자신이 못한 것뿐만 아니라 잘해낸 것, 성공한 것까지 모두 인정하고 자랑스러워할 자격이 있다.

부모의 메타인지를 자녀가 키워주기도 한다

'잘못된 겸손 가면'을 쓴 사람들은 학습곡선을 처음부터 끝까지 보지 않고 처음에 잘 못했던 시기만 기억한다. 개구리가 됐는데도 올챙이 시절에 관한 기억만 붙들고 있다. 그래서 '나는 원래부터 못하는 사람'이란 생각에 영영 매여버리기도 한다.

나는 어린 시절을 생각할 때마다 '못난 리사'를 떠올렸다. 나도 여느 아이들처럼 이런저런 실패를 맛보며 배움을 이어왔고, 그 속에 분명 크고 작은 성공들이 반짝이고 있을 텐데도 이상하게 좋은 기억은 잘 떠올리지 못했다. 가령 내가 말이 어수룩하고 친구를 활발히 사귀지 못했기 때문에, 어린 시절의 나를 떠올리면 '항상 혼자서 점심 먹는 리사'로 회상이 끝나버린다. 좀 더 촘촘히 살펴보면 나에게도 친구들과 함께했던 순간들이 있었을 텐데 말이다. 어려운 일을 할 때도 시도하기 전부터 "나는 원래 못하니까 해낼 수 없을 거야"라고 믿어서 나중에 성공을 해도 성공에 대한 기억이 별로 남아 있지 않다.

어린 시절의 나는 메타인지가 부족했던 것 같다. 활달한 성격을 타고나지 않아서 '난 본래부터 친구가 없는 아이'라고 믿어버리게 되었고, 그런 부정적인 신념 때문에 친구를 사귀고 싶어 했던 내 욕구도 무시해버렸다. 또 두 아이의 엄마가 되어서도 '우리 아이가 나를 닮아서 친구를 못 사귈까 봐 두려워'라며 내내 걱정스러워했다. 첫째 아이 세린이 역시 나처럼 타고난 인기쟁이가 아니어서 외롭게 크면 어쩌나 근심이 되었다.

◆ 학습곡선의 처음부터 끝까지 기억하자

세린이가 초등학교 1학년 때 세린이네 학교로 점심 급식 봉사를 나간 적이 있다. 아이들에게 피자를 나눠주면서 멀리서 세린이를 유심히 지켜보았다. 혼자서 피자를 먹고 있는 딸아이 모습에 내 예상이 적중한 것 같아 슬픈 마음이 들었다.

그런데 나중에 세린이에게 "점심 잘 먹었어?" 하고 물어보자 내 예상과 달리 세린이는 기죽거나 외로워하지 않았다. 오히려 "응, 맛있었어" 하면서 씩씩하게 웃었다. 세린이가 타고난 매력의 소유자가 아니라 학교에서 외롭게 지내지나 않을까 걱정했던 것은 순전히 내 지레짐작일 뿐이었다. 그 후 몇 번 더 봉사를 나가 세린이를 지켜보니, 아이가 혼자 먹는 날도 있었지만 친구와 같이 대화하면서 먹는 날도 있었다.

힘들었을 법한 문제를 천천히 자기 힘으로 해결하는 세린이를 본 그날, 나는 처음으로 아이가 걸어가고 있는 학습곡선을 한눈에 볼 수 있었다. 공부를 배우든 친구를 사귀든 모든 학습은 시간이 걸린다. 처음에는 힘이 들고 연달아 실패만 하는 것 같지만 계속된 노력 속에서 어떻게 해야 더 나아질 수 있는지를 배워나가게 된다. 그런데 나처럼 실패만 기억하고 성공의 경험은 기억하지 못하는 사람들이 있다. 이런 착각이 생기는 이유가 바로 '타고나지 않은 면(나에게 타고난 능력이 있는가)'에 집중하기 때문이다.

우리에게는 '초안 상태의 나' 즉 학습을 시작할 때 부족했던 내 모습만 집중적으로 기억하는 문제가 있다. 나는 과거에 '저는 원래 못났어요'를 보여주는 게 익숙했고 그렇게 하는 것이 겸손한 태도라고 믿었다. 나의 성공을 드러내는 것이 과신 혹은 잘난 척이라고 생각했다.

그러나 엄마가 되어 딸아이를 관찰하면서 나의 어릴 적 학습곡선의 처음과 끝을 비로소 이해하기 시작했다. 영어로 유창하게 말하지 못하다가도 용기를 내어 수업시간에 발표하는 세린이의 모습 속에서 과거의 나를 보았다. 그런 세린이의 모습은 어린 시절부터 나의 내면에 자리잡고 있던 임포스터이즘을 해독시켜주었다.

많은 사람들이 내게 자주 하는 질문이 있다. "우리 아이의 메타인지를 어떻게 키울 수 있을까요?" 나는 아이의 메타인지를 부모가 키워줄 수 없다고 말한다. 아이의 메타인지는 아이가 컨트롤하는 것이다. 하지만 아이를 보면서 부모 자신의 메타인지를 키울 수는 있다. 아이들은 과거의 애먹었던 학습 경험과 힘겨운 성장의 순간들을 부모인 우리에게 상기시켜준다. 아이들이 어려워하면서도 잘해내는 모습을 통해, 나도 젊을 땐 무던히도 헤맸지만 결국 이렇게까지 성장할 수 있었구나, 하고 스스로를 자랑스럽게 여기게 된다. 아이의 메타인지가 결국 부모의 마음을 되돌아보는 계기가 되는 것이다.

아이의 기를 죽이는 건
겸손이 아니다

아들아이가 말이 늘면서 질문도 덩달아 많아졌다. 질문에 답해줄 때마다 아이는 자꾸 "나도 알아"라고 한다. 이 말을 하는 아이가 사랑스러우면서도 한편으로는 걱정이 됐다. '아이가 자기과신이 너무 심한 건 아닐까? 잘난 척하는 아이로 크면 어떡하지?' 하지만 그때마다 메타인지를 떠올리며 '안다는 것을 스스로 확인하고 있구나'라고 돌려 생각해본다.

메타인지에 대해 이야기할 때 나는 자기 믿음이 중요하다고 말한다. 하지만 아직도 많은 부모들이 겸손을 더 중요한 가치로 여긴다. 나도 어린 시절 여느 한국 아이들처럼 겸손한 행동을 배워왔고, 무의식적으로 자랑하는 것을 억눌러왔다. 하지만 '아는 것' '잘하는 것'을 인정하지 못하면 메타인지가 제대로 작동하지 않는다.

◆ **아는 것과 모르는 것**
 사이의 균형 찾아주기

배움의 동기나 성취에 대한 믿음을 희생시키지 않으면서 아이들에게 겸손을 가르칠 수 있는 방법은 과연 무엇일까? 바로 메타인지 전략을 사용하는 것이다. 앞서 쓴 것처럼 '완성된 메타인지'란 없다. 또 무조건 완벽하게 배우는 것이 메타인지의 목표도 아니다. 제대로 된 메타인지는 아는 것과 모르는 것을 비교해가면서 무엇을 어떻게 더 배워나갈지 판단하는 능력이다. 즉 메타인지는 균형을 찾는 과정이라고 생각하면 된다.

겸손한 아이를 키우겠다고 "네가 아는 게 다가 아냐" "너는 완벽지 않아"라고 말하기보다는 "여기서 뭘 더 배울 수 있을까?" "다른 해결책도 있을까?"라고 얘기해보면 어떨까. 문제에 관해 자신이 알고 있는 바를 관찰해볼 수 있도록 아이에게 질문해줌으로써 부모는 다음과 같은 효과를 얻을 수 있다.

첫째, 아이는 지금까지 배워왔던 많은 것들을 생각해보며 자부심을 느낄 것이다. (메타인지나 자기 자신을 희생하지 않는다.)

둘째, 늘 더 배워야 할 것들이 있다고 믿으면 아이가 자기과신을 피할 수 있다. (겸손한 아이가 된다.)

이 같은 부모의 질문 방식은 아이가 문제에 직면했을 때 '나는 할 수 없다'며 물러서거나 남들과 자기를 비교하는 대신, 문제에 대한 다양한 해결책을 모색하는 일에 집중할 수 있게 도와준다. 말하자면 아이가 메타인지적 관찰을 훈련할 수 있도록 돕는 것이 동기를 살리는 열쇠인 듯하다. 부모로서 아이에게 겸손을 가르치는 것도 중요하지만, 아이들이 너무 겸손해서 자기에 대한 믿음을 잃는 지경이 되어서는 안 된다.

그렇게 보면 기욱이에 대한 나의 걱정은 기우에 불과한지도 모르겠다. 나에게 모르는 것을 물었을 때 기욱이는 이미 자기가 잘 모른다는 사실을 인정한 것이고, 내 대답을 듣고 자신이 어느 정도 지식을 얻었다고 판단한 것이다. 나는 아이가 '더 많이 알고 싶다' '알지만 더 정확하게 확인하고 싶다'라고 생각하는 것이 진짜 겸손한 태도라고 생각한다.

우리 아이나 다른 학생이 무엇을 안다고 표현할 때 나는 그 말을 절대 잘난 척이라고 생각하지 않는다. 자기가 안다고 얘기한 것에 대해 나와 더 길게 대화를 하고 싶어 한다면 그것만큼 이상적인 겸손은 없으리라 생각한다.

우리는 서로에게
좋은 선생님이 될 수 있다

나는 미국에 살고 또 한국 문화에도 익숙하지만 미국 전문가도, 한국 전문가도 아니다. 나에게 있어 전문가란 직업상의 전문가가 아니라, 다른 누군가에게 자신 있게 가르쳐줄 수 있는 상태를 의미한다. 그렇기에 "리사, 미국은 어떤 나라야?"라는 질문이 나로서는 정말 불편했다. 스스로를 '진짜 미국인이 아닌 임포스터 같은 미국인'이라고 생각했기 때문에 내가 전문가처럼 말해야 하는 상황이 되면 다른 사람을 속이는 기분이 들었다.

미국 사람들이 "한국 문화는 어떻게 달라?"라고 물었을 때도 마찬가지였다. 한국 문화에 대해 설명하면서도 머릿속에서는 '네가 뭘 안다고 가르쳐?' 하는 생각이 떠나지 않았다. 임포스터들은 배워도 배워도 부족하다고 느껴서 자신은 누군가를 가르칠 자격이 없다고 느낀다.

고등학교 1학년 때 처음으로 다른 학생의 과외를 가르칠 기회가 생겼다. 나는 성적도 좋았고 선생님이 되고 싶은 꿈도 있었지만, 처음엔 어떻게 아이들을 도와줘야 할지 몰라 막막했다. 미국인을 가르치는 것이 분수에 넘치는 행동은 아닐까 걱정도 되었다. 나는 줄곧 학생으로만 살아왔기 때문에 가르치기보다는 배우는 것이 겸손한 행동이라고 여기고 있었다.

하지만 누군가를 가르치는 경험을 통해 내가 무엇이 부족하고 무엇을 잘하는지 점검할 수 없었다면, 내 성적이 순전히 운 덕분이라고 믿으며 살았을 것이다. 누군가를 가르치는 것은 그 내용을 깊이 배울 수 있는 기회이다. 메타인지 연구를 살펴봐도 가르치는 것은 혼자서 공부하는 것보다 더 확실하고 강력한 학습법이다.

가르치는 것이 왜 좋은 학습법일까? 나는 과외를 하면서 가르치는 것의 장점을 알게 되었다. 가르치는 사람은 배우는 내용에 깊이 관심을 가져야 한다. 특히 어려운 내용들은 대충 알아서는 안 되고, 설명할 수 있을 때까지 깊이 있게 알아야 한다. 게다가 가르쳐보면 내가 모든 걸 다 알 수는 없다는 사실을 별수 없이 받아들이게 된다.

결국 가르치는 일은 무조건 나의 실력이 들통나게 되어 있는 방법이다. 나도 잘 모른다는 사실을 학생에게 순순히 시인하면서 내 지식의 한계 안에서 최대한 열심히 설명해주게 된다. 학생을 가르치면서 나 역시 '해냈다' '나도 잘 가르칠 수 있다'는 사실도 깨달을 수 있다.

◆ **가르치는 것만큼**
  좋은 학습 방법은 없다

가르치는 것이 최고의 학습교사란 사실을 깨닫는 순간 '나는 전문가가 아니니 가르칠 수 없어' 하는 두려움은 줄어든다. 그래서 가면 뒤에 숨어버리는 대신 자기가 가르치는 내용만큼은 확실하게 정리해보려고 노력하게 된다.

  내가 막 교수가 되었을 때는 하루하루가 근심걱정의 연속이었다. 발표를 하거나 논문을 쓸 때마다 '내가 뭘 안다고 가르쳐?' 하는 생각이 들었다. '내가 너무 잘난 척을 하나? 어떻게 하면 더 겸손해 보일까?' 하면서 스트레스도 많이 받았다. 비슷한 스트레스를 받고 사는 박사과정 학생들에게 나는 지금은 이렇게 말해주고 싶다. "읽기는 이제 그만하고 쓰기부터 하세요!" 사실 많은 학생들이 '감히 내가 누굴 가르쳐? 나는 아직 배울 게 너무 많은데?' 하면서 논문 쓰기를 미룬다.

  어떤 주제를 배우기 위해 노력하고 그 주제에 대해 자기만의 소견을 가진 사람이라면 누구나 가르칠 자격이 있다. 가르치는 것이 곧 학습이기 때문이다. 그리고 누군가에게 나 역시 모르는 것이 있다고 솔직하게 얘기할 수 있다면 그것이 바로 겸손한 태도이다.

다른 사람과 대화하면서 내가 틀릴 수 있다는 사실을 아는 것이 겸손에 이르는 지름길이다. 그 순간에 '아, 내가 모르는 게 있구나. 더 배워야 해'라고 깨달을 수 있기 때문이다. 또한 배움의 과정에는 시간제한이 없다는 것을 다시금 마음에 새길 수 있다.

가장 정확한 기준을
누가 정할 수 있나

학계에서 성공한 저명한 미국 교수들이 엄청난 자부심을 가지고 자신의 연구결과를 마치 유일무이한 업적처럼 발표하는 모습을 볼 때가 있다. 나 역시 박사논문 발표를 준비하는 과정에서 담당 교수들로부터 다음과 같은 조언을 수없이 들었다. "리사, 발표를 할 때는 너의 연구가 최고라는 것을 보여줘야 해. 온 세상 사람이 네 연구 데이터를 다 알고 있어야 할 것처럼 얘기하란 말이야, 알겠지?" 교수가 된 뒤는 나도 내 학생들에게 똑같이 당부하곤 했다. "당신 연구가 최고란 걸 당신 스스로 믿지 않으면 다른 사람들도 당신 연구에 관심을 보이지 않을 거예요."

지금에야 털어놓는 사실이지만 내 연구가 최고라고 말하는 것이 나로서는 정말 곤욕이었다. 어떻게 한 사람의 연구가, 그것도 임포스터의 연구가 세계 최고라고 감히 말할 수 있겠는가. 꿈도 못 꿀 일이다. 내가 진행한 연구가 좋은 연구임에는 틀림없지만, 이 데이터가 얼마나 중요한지를 공개적으로 설득하는 일은 나 같은 임포스터에게는 너무나 민망하고 힘겨운 과업이었다.

그것이 내게는 왜 그토록 어려웠을까? 내가 미국에 사는 한국 사람이라서 더 그랬던 듯하다. 일례로 미국 대학 박사과정 시절 '사람들은 쉽게 과신에 빠진다'는 연구 데이터를 봤을 때, 한국인이었던 내게는 조금 다른 생각이 떠올랐다. 이 연구결과는 미국 학교에서 미국 교수들이 미국인들의 심리를 토대로 도출한 것이어서, 내가 아는 한국인들에게는 잘 들어맞지 않는 것 같았다. 내가 아는 한국 학생들은 공부를 잘해도 자신을 똑똑하다고 여기지 않는 편이어서 과신에 대한 이 연구결과가 나로서는 썩 수긍이 가지 않았다.

이렇듯 미국인들과는 늘 다른 각도에서 생각하다 보니 내가 진행한 연구, 내가 수집한 데이터가 절대적이라고 자신 있게 발표하기가 어려웠다. 사실 실험 하나당 한 개의 표본만을 보기 때문에 100% 확실한 결과를 얻기란 불가능하다.

콜롬비아대학교 학생들을 대상으로 뽑아낸 실험결과를 가지고 세상에서 유일한 정답인 것처럼 주장할 수는 없는 노릇이다. 미국인을 대상으로 한 조사일 뿐, 다른 나라 사람들의 경우는 다를 수 있기 때문이다. 물론 그렇다고 해서 지나치게 겸손한 태도로 발표해서도 곤란하다. 사람들에게 내 데이터가 그리 중요하지 않다는 인상을 심어줄 수 있기 때문이다.

여기서 또다시 메타인지가 도움을 줄 수 있다. 나는 나 자신을 실험대상에 놓고 실험 아이디어를 구상했고, '한국적인 나'에 잘 들어맞는 결과를 연구가설로 세우곤 했다. 가령 시험을 보고 점수를 예상할 때면 늘 실제 점수보다 더 못 봤을 거라고 판단했다. 그런데 미국 학생들을 대상으로 같은 실험을 진행하면 정반대의 결과가 나올 때가 많았다. 미국 학생들의 경우, 실제 점수보다 더 잘 봤다고 예상하는 이들이 많았던 것이다. 주변 사람들은 연구결과가 잘 나온 것 같다고 했지만, 나는 속으로 현실과 맞지 않는 결과라고 느꼈다. 그리고 내 진짜 생각을 숨겨야 할 것 같은 기분을 느꼈다. 그것이 내가 겸손하고 조용하게 발표를 해야 했던 이유다.

◆ 다양성을 인정하는
   메타인지

메타인지는 사람들이 저마다 다른 존재란 사실을 일깨워준다. 보편적 사실은 존재하지만, 다른 맥락이나 문화에서는 다른 진실이 가능하다는 사실을 아는 것은 매우 중요하다. 다시 말해 연구 데이터가 한쪽으로 쏠려 있을 경우, 그 데이터는 틀렸거나 중요하지 않다고 생각할 수 있어야 한다. 콜롬비아대학 학생들을 대상으로 한 연구에서 발견된 패턴에 대해 자신 있게 설명하되 "다른 사람들을 대상으로 할 경우엔 또 다른 결과가 나올 수도 있다"고 기술하는 것이 정확한 메타인지다.

  그러려면 다른 사람들을 대상으로 똑같은 연구를 반복실험해보는 것이 좋다. 나는 미국에서 오랫동안 연구를 진행하면서 '미국인들이 바라는 결과'를 수집하는 데 시간을 쏟아야 했다. 내가 정말로 원하는 연구를 진행하기가 쉽지 않았다. 미국인들에게 "다른 나라에서는 전혀 다른 결과가 나올 수도 있다"고 말조차 못했다. 연구에 대한 나의 개인적 견해를 숨기고 살았다.

  게다가 일반화된 결론을 따라가는 것이 착하고 겸손한 행동이라고 생각했다. 물론 그렇게 하지 않았더라면 지금의 자리도 없으리란 걸 잘 안다. 다행히 메타인지도 발전하고 사람들의 사고 수준이나 폭이 세계화되면서 한 나라에 국한된 연구결과를 지나치게 일반화해서는 안 된다는 주장이 등장했다.

  2010년에 〈The Weirdest People in the World?(세계에서 가장 이상한 사람?)〉이라는 제목을 달고 논문 하나가 게재된 적이 있다. 원래 'weird'는 '이상한'이라는 뜻인데, 이 논문에 쓰인 'W.E.I.R.D.'는 두문자어를 조합해서 만든 신조어다. 'Western(미국), Educated(교육을 받은), Industrialized(선진국), Rich(부유한), Democratic(민주주의의)' 성향의 사람들을 위주로 연구 데이터를 수집하다 보니, 여기서 얻어진 결과가 마치 세상 모든 사람들의 패턴이나 특성을 대변하는 것처럼 착각을 일으킨다는 것이다. 실제로 더 큰 범주나 맥락에서 보면 W.E.I.R.D의 데이터가 '이상할' 정도로 제한적인(편협한) 경우가 많은데도 말이다. 사람들이 뭔가를 인지하는 방식은 저마다 다르기 때문에 내가 미국에서 봐왔던 데이터가 오히려 소수의 사람들에게만 해당되는 결론으로 판명되기도 한다.

이 논문을 보고 나는 많은 생각을 하게 되었다. 단 하나의 데이터로 인간의 인지와 메타인지를 이해한다는 것은 어불성설이다. 인간이란 유기체는 너무나 복잡미묘해서 인간을 설명할 수 있는 유일무이한 방법, 유일무이한 특성이란 것은 세상에 존재하지 않는다. 따라서 만약 내가 기대했던 연구결과가 나오지 않는다면 "이 그룹은 이 맥락에서 이런 성향을 보였다"고 데이터를 설명하되 "다른 맥락에서라면 기대하는 결과가 나올 수도 있다"고 자신 있게 발표하는 것이 좋다.

나의 장점을 인정하는
메타인지적인 겸손

며칠 전 한 중국 유학생을 만났다. 이 학생은 콜롬비아대학교 심리학 연구클럽에 참여하고 싶어 대학에 지원했지만 면접에서 고배를 마셨다. 그는 속상해하면서 인터뷰에서 오갔던 이야기를 들려주었다. 클럽을 지도하는 교수는 그에게 "당신의 강점을 세 단어로 설명해보세요"라고 요청했다. 그는 "다른 사람의 말을 잘 경청하고, 맡은 일을 열심히 하며, 쉽사리 포기하지 않습니다"라고 답했다. 이야기를 듣자 면접 당시 그의 목소리와 자세, 말투가 어땠을지 훤히 그려졌고, 어쩌면 그가 너무 겸손하게 대답하지 않았나 하는 생각이 들었다.

학생의 대답을 들었던 교수가 그 학생을 어떻게 생각했을지도 짐작이 되었다. 아마도 교수 눈에는 연구에 대해 자기 소신이 부족한, 자신감 없는 학생으로 보였을 것이다. 하지만 교수 생각과 달리 그 학생은 겸손하게 대답하는 것이 더 바람직한 면접 태도라고 느꼈던 듯하다. 물론 자신에게 부족한 부분이 있음을 인정하고 더 열심히 하겠다는 결의를 내비치는 것도 좋지만, 그 부분을 언급하기 전에 자신의 강점이나 성공 경험을 어필했더라면 면접관에게 더 깊은 인상을 심어주었을 것이다.

나는 이것을 '메타인지적 겸손'이라고 표현하고 싶다. "나는 이런저런 저술들을 읽었고, 이런 실험방법에 관해 배웠으며(심리학 연구에 대한 자신의 호기심을 어떤 방법으로 해결했는지 설명하기), 다른 사람들의 학문적 견해를 경청할 준비가 되어 있다(아직도 더 배우고 싶은 부분이 있다는 것을 표현하기)"라고 얘기했더라면 어땠을까.

자신의 연구실적이나 수상경력이 있다면 덧붙여 얘기해볼 수도 있을 것이다. "내 심리학 논문으로 이런 상을 수상했는데 그 논문에서 미처 다루지 못했던 부분을 더 연구해보고 싶다.""내게는 이런저런 성취들이 있다. 그것을 이뤄나가는 과정은 많이 힘들었지만 포기하지 않고 이 자리까지 온 것이 자랑스럽다." 이렇게 자신의 장점과 함께 이 장점을 활용해서 더 발전시키고 싶은 면을 면접관에게 어필하면 훨씬 더 효과적이면서도 겸손하게 자신을 보여줄 수 있을 것이다.

◆ 내가 잘하는 것과
   더 배우고 싶은 것을 찾아서

요즘 대학들은 학생이 얼마나, 어떤 방식으로 본교에 기여할 수 있을지를 눈여겨본다. 예전에는 대학지원서에 그 학교가 왜 좋은지, 그 학교에서 무엇을 배우고 어떤 경험을 얻고 싶은지에 대해 기술하면 충분했다. 한마디로 지원자 자신의 이야기를 풀어낼 필요가 없었다. 하지만 이런 식의 지원서에는 학생의 메타인지적 사고가 전혀 드러나 있지 않다. 이제는 학생이 이 학교에 지원하기 위해 지금껏 무엇을 배워왔는지, 그리고 다른 학생과 교수 들에게 무엇을 가르쳐줄 수 있는지, 자신의 공부가 어떤 식으로 학교 발전에 기여할 수 있을지를 들려주기 원한다. 다시 말해 학교는 학생 자신이 무엇을 알고 있는지, 앞으로 무엇을 배우고 싶은지 학생의 메타인지 전반을 알고 싶어 하는 것이다.

셰릴 샌드버그는 2013년에 《린 인Lean In: Women, Work, and the Will to Lead》이라는 책을 펴냈다. '린 인Lean in'이란 말은 사람들과 함께 대화나 토론, 브레인스토밍을 할 때 조용히 경청하며 남의 말에 동의만 할 것이 아니라, 대화 과정에 더 깊이 관여하며 자신의 생각과 의견, 강점을 적극적으로 피력하라는 뜻이다. 그러기 위해서는 '나는 부족하다'는 생각을 버리고 '내가 잘하는 것과 더 배우고 싶은 것'이 무엇인지를 보여주기 위해 노력해야 한다.

건강한 겸손을 위한
메타인지 실천법

임포스터이즘에서 벗어나기 위해서는 진정한 겸손이 무엇인지를 이해해야 한다. 무조건 나를 낮추는 것이 겸손이 아니라는 사실을 기억하기 위한 메타인지 실천법은 다음과 같다.

1. 스스로를 평가절하하는 것은 겸손이 아님을 보여준다

나는 '겸손 가면' 뒤에 숨어 있는 임포스터였다. 내가 성공한 이유는 '이번에는 운이 받쳐줬기 때문'이라거나 '내 능력이 부족한 만큼 엄청나게 노력했기 때문'이라고 믿어왔다. 그래서 내가 이룬 성공들이 '나의 성공'으로 느껴지지 않았다. 사람들로부터 성공을 인정받아도 그들을 속였다는 생각에 부끄러웠다. 나는 칭찬받을 만한 자리를 가능하면 피하려 했고 피할 수 없을 때는 최대한 겸손해 보이려 했다. "아니야. 사실 내 능력으로는 할 수 없는 일인데 이번엔 정말 운이 좋았어."

한편 임포스터였기 때문에 내가 거머쥘 수도 있었을 좋은 기회들을 번번이 놓치기도 했다. '못하는 나 자신'을 인정하는 데 익숙했기 때문이다. 해보기도 전에 '못할 것 같다'고 생각하면 시도조차 하지 못하는 일들이 점점 많아진다. 새로운 일에 도전할 기회를 놓치면서도 '다른 사람들에게 기회를 양보하는 것'이라고 합리화하기도 했다. 스스로를 깎아내리는 행동이 겸손이라고 착각했다.

이런 착각을 버리기가 쉽지 않았다. 하지만 메타인지를 공부한 이후로 내 태도를 '자신을 깎아내리는 겸손'에서 '메타인지적 겸손'으로 조금씩 수정해갈 수 있었다. 그러자 성공에 대한 태도도 달라졌다. 메타인지는 문제에 대한 판단을 최우선에 놓는 것이다. 즉 나에게 주어진 문제를 보고 그 문제에 대한 나의 생각을 모니터링하는 일이다.

예를 들어 수학 숙제에서 첫 번째 문제를 읽고 '아, 문제가 조금 어렵네' 하는 자신의 생각을 모니터링하게 되면, 모니터링의 결과를 바탕으로 이 상황을 어떻게 개선해나갈지 방향을 가늠하게 된다. '필기노트를 다시 읽어보자'는 전략을 택하기로 하는 것이다. 이것이 컨트롤 과정이다. 나는 메타인지를 사용할 때 비로소 진정한 겸손이 발휘될 수 있다고 믿는다. "내가 아는 것은 이 정도이고, 여기서 진전된 뭔가를 더 배우고 싶다"고 표현하는 것이 내가 말하는 메타인지적 겸손이다.

반대로 '나는 못한다' '나는 부족하다' '내 실력은 평균 이하다'라고 생각하는 것은 건강한 겸손의 태도가 아니다. 이런 겸손은 해결해야 할 문제를 보기도 전에 남과 나를 비교하면서 '나는 자격이 없다'고 결정해버리는 것이다. 이런 사고과정에는 메타인지가 전혀 작동하지 않는다. 수학 숙제를 시작하기도 전에 '나는 원래 수학을 잘 못해'라고 생각한다면, 그것이 일견 겸손한 태도처럼 보일지 모르겠으나 메타인지의 모니터링과 컨트롤 과정은 하나도 거치지 않은 것이다.

어떤 마음이 진정한 겸손인지를 생각할 때마다 예전에 교회에서 들었던 목사님 말씀이 떠오른다. 목사님이 겸손을 주제로 설교를 하면서 작가 C. S. 루이스가 남긴 어록 가운데 한 구절을 언급했다. "겸손은 자신을 낮춰 생각하는 것이 아니라 자신에 대해 덜 생각하는 것이다." 나는 그 말을 듣는 순간 '아! 이게 바로 메타인지 학습이로구나!' 하는 생각이 들었다. 진정한 겸손은 자기가 '잘났다, 못났다'를 평가하기 전에 먼저 눈앞에 닥친 문제를 파악해보고 그 순간의 내 문제해결 능력을 객관적으로 평가해보는 노력이기 때문이다.

2. 결과보다 과정을 인정하는 메타인지적 칭찬을 해준다

2020년 봉준호 감독은 영화 〈기생충〉으로 세계적인 명성을 얻었다. 그와 함께 사람들의 주목을 받은 이가 또 한 명 있었다. 봉준호 감독의 수상 소감을 너무나도 유려하고 완벽하게 통역해낸 샤론 최(최성재)다.

인터뷰에서 그녀와 관련된 질문을 받을 때마다 봉준호 감독은 "샤론 최는 완벽하고 우리는 모두 그녀에게 의지한다"며 그녀에 대한 칭찬을 아끼지 않았다. 그런 언급에 대해 샤론 최는 "〈기생충〉을 위해 무대에 오르는 데는 정말 엄청난 용기가 필요했다. 갑자기 쏟아지는 주목에 겁이 나기도 한다. 기사가 나가면 다른 분들이 또 연락해올까 봐 그것도 두렵다"고 했다.

나는 샤론 최가 자신의 성공에 대해 어떻게 느꼈을지 짐작해보았다. 봉준호 감독과 그의 영화가 대성공을 거둔 것처럼, 그 과정을 완벽하게 통역해낸 샤론 최 역시도 큰 성공을 거뒀다고 생각한다. 하지만 샤론 최의 마음에는 지나친 관심과 주목에 대한 두려움도 있었다. 성공한 사람들은 왜 주목받는 것에 두려움을 느낄까? 수줍음이 많아서일 수도 있고, 사회적 불안이 높아서일 수도 있다. 겸손한 태도가 몸에 배어 다른 사람들의 주목을 피하고 싶은 것일 수도 있다. 여러 이유들 가운데 나는 마지막 이유를 돌아봤다.

완벽하다는 칭찬을 들은 사람은 앞으로 더 완벽해져야 한다는 부담감 때문에 임포스터의 악순환에 빠지게 된다. 샤론 최도 가면에 대해 언급한 적이 있다. "가면증후군에 시달렸고, 대중에게 사랑받는 사람의 말을 내가 잘못 옮길 수도 있다는 불안감과 싸워야 했다. 유일한 치유법은 무대 뒤에서 10초간 명상하며 '사람들이 보는 것은 내가 아니다'라고 되뇌는 일이었다."

성공을 하면 다른 사람들로부터 칭찬세례를 받게 된다. 봉준호 감독은 물론 좋은 의도로 샤론 최의 완벽함을 칭찬했을 테지만 이런 칭찬은 성공이라는 결과에만 조명을 비출 뿐이다. 기말고사에서 A+를 받거나 대학에 합격했을 때 결과만을 추켜세우는 일이 얼마나 많은가. 하지만 결과 위주의 칭찬으로 인해 그동안 쏟아왔던 수많은 노력과 실패가 가려질 수도 있다.

현실적으로 모든 성공에는 노력과 시행착오, 실패가 전제되어 있다. 더딘 이해와 서툰 해결책, 씁쓸한 실패 경험 등은 모두 학습 과정의 일부다. 다른 사람을 칭찬할 때는 성공이라는 마지막 순간에만 초점을 맞추지 않았으면 한다. "완벽해!"라고 칭찬하기보다 "정말 잘했어. 그동안 네가 얼마나 열심히 노력했는지 잘 알고 있어"라고 얘기해주고, "A+를 받은 네가 자랑스러워!"라고 추켜세우기보다 "공부하기 쉽지 않았을 텐데, 끝까지 포기하지 않은 네가 자랑스러워!"라고 얘기해주는 것이 좋다. "대학 입학을 축하한다!"라는 말 뒤에 "네가 얼마나 노력해서 이뤄낸 결과인지 다 알아"라는 말을 덧붙여도 좋을 것이다.

이것이 내가 말하는 메타인지적 칭찬이다. 메타인지적 칭찬에는 성공한 사실뿐만 아니라 성공에 수반된 시행착오와 실패가 모두 포함되어 있다. 성공이란 그렇게 쉽게 얻어지는 것이 아니란 사실을 인정하는 칭찬이다.

최고의 성공은 오랜 시간 험난한 가시밭길을 통과한 후에야 비로소 찾아온다. 누군가 성공이란 결과만 추어올린다면 우선은 감사한 마음으로 칭찬을 받아들인 후 "이 자리에 오기까지 정말로 열심히 노력했어요"라고 얘기해볼 수 있을 것이다. 그렇게 이야기하면 실수와 실패의 순간들을 숨길 필요가 없다.

3. 아이의 자신감을 의심하지 않는다

비너스 윌리엄스가 열네 살 때 기자와 인터뷰 했던 내용의 일부분이다.

비너스: 저는 이길 수 있어요.

기자: 자신감이 넘치네요.

비너스: 네, 자신 있어요.

기자: 정말 자신 있나 보군요. 어떻게 그렇게 승리를 단언할 수 있죠?

비너스: 왜냐하면 제가 이길 수 있다고 믿기 때문이에요.

기자: 정말요? 정말로 그렇게 믿는다고요?

확신에 찬 비너스 윌리엄스에게 기자는 계속해서 의심하듯 캐물었다. 기자의 얼굴에서는 '더 겸손하게 말하는 것이 좋을 텐데' 하는 표정이 엿보였다. 운동선수들은 이런 질문에 대개 겸손하게 답하는 편이라서 더 그랬는지도 모르겠다. "힘든 경기가 되겠지만 최선을 다하겠다"는 식으로 이야기하는 선수들이 얼마나 많은가. 그런데 예상을 깨고 비너스가 당찬 포부를 거침없이 드러낸 것이다. 기자는 겸손한 답변을 유도하기 위해 계속해서 같은 질문을 던지는 것 같았다.

이 인터뷰를 보면서 나는 화가 났다. 기자는 어린 비너스가 스스로를 과신하고 있다고 판단하고 줄기차게 의심했다. 보통 겸손한 아이는 처음에 자신감 있게 대답해도 누군가 자신을 의심하면 결국에 가서 자기 자신을 의심하게 된다. 그건 어른의 경우에도 마찬가지다. 만약 누군가가 의심하는 투로 수차례 캐물으면 '내가 나를 과신하나? 너무 잘난 척했나?' 하면서 자신감이 꺾일 수 있다. 그런데 이런 위기의 순간에 비너스의 아버지가 나타나 기자의 태도를 일갈했다.

비너스의 아버지: 제 딸은 처음부터 확실하다고 말했어요! 왜 자꾸 똑같은 질문을 합니까? 얘는 열네 살짜리 아이에요. 자신 있게 대답했으니 이제 그만 물어봐요!

순간 비너스의 아버지가 너무나 멋져 보였다. 비너스를 직접 지도하면서 딸이 얼마나 피나는 훈련을 해왔는지 곁에서 지켜봐왔기 때문에, 그녀의 솔직한 자신감을 있는 그대로 믿어줄 수 있고 기자의 비아냥을 시원하게 물리칠 수 있었던 것은 아닐까.

비너스 아버지의 사례는 다시 한번 메타인지를 떠올리게 한다. 부모에게 필요한 정확한 메타인지란 자녀의 자신감을 믿어주는 것이다. 아이가 잘하는 것, 그리고 아직은 더 연습이 필요한 것을 관찰할 수 있는 것도 메타인지다. 아이가 겸손해야 한다는 생각에 '넌 항상 부족하고 미숙한 아이'라고 믿게 만들어서는 곤란하다. 자기 자신에 대한 믿음이 강했던 비너스 윌리엄스는 마침내 정상의 자리에까지 오를 수 있었다. 그녀의 성공은 스스로의 노력 때문이기도 하지만 그녀의 아버지가 보여준 정확한 메타인지의 힘 덕분이라고 믿는다.

자신감을 가진 사람들도 다른 사람 앞에서 겸손해야 한다는 생각 때문에 가면을 쓰는 경우가 많다. 그것은 겸손보다는 실수를 할까 봐 미리 못하는 척하는 일종의 자기방어일 수 있다. 심리학 연구에서도 임포스터들이 자기방어를 사용하는 것으로 밝혀졌다. 뭔가를 착수하기 전부터 못할 것처럼 미리 말해놓으면 실제로 실수나 실패가 벌어졌을 때 사람들을 덜 실망시킬 수 있다고 생각하기 때문이다. 하지만 자기방어도 결국 여러 가면 중 하나일 뿐이다.

다시 한번 말하고 싶다. 진정한 겸손은 자신의 모든 실패와 성공의 과정을 동시에 인정하는 것이다. 자신의 메타인지를 믿고 표현하면, 다른 사람에게 겸손해 보이면서도 자신이 부족한 부분에 대해 마음 편하고 자신 있게 학습해나갈 수 있을 것이다.

나 역시 두 아이의 엄마로서, 비너스 아버지처럼 우리 아이들의 메타인지를 믿기로 했다. 아이들을 포장하지 않고 있는 그대로 보려고 노력하기 때문에 아이들의 완벽하지 않은 부분이 눈에 더 잘 들어오는 건 사실이지만, 그 때문에 아이들이 어떤 것을 더 배우고 싶어 하는지도 더 선명하게 보이는 것 같다. 부모가 이런 태도로 아이들을 대한다면 아이들도 메타인지적 겸손을 배워나갈 수 있으리라 생각한다.

Chapter ④

부모와 아이 모두를 위한 '듣기 학습'

An Impostor's Story

초등학교 6학년 핼러윈 때 반 친구들이 독특한 의상을 입고 등교했다. 미국에서 핼러윈은 아이들이 무척 고대하는 이벤트 중 하나다. 그날은 친구들끼리 똑같은 옷을 맞춰 입기도 하고, 더 멋지게 보이기 위해 자신이 평소 좋아하는 캐릭터로 변신하기도 한다. 다른 아이들은 신이 나서 자신을 꾸미는 데 혈안이 돼 있었지만 나는 목표가 달랐다. 완벽한 가면놀이를 하려면 내가 누구인지 아무도 몰라야 한다고 생각했다. 그래서 겉모습뿐 아니라 내면까지도 분장한 캐릭터가 되어야 한다고 믿었다.

나는 1년 전 오빠가 핼러윈에서 사용했던 가면을 찾아냈다. 헬멧처럼 머리에 뒤집어쓰는, 무시무시하게 생긴 늑대 가면이었는데, 가면을 쓰고 있으면 얼마 안 있어 땀이 줄줄 흐르고 숨쉬는 것조차 힘들어졌다. 그러나 다른 가면을 떠올릴 수 없었고, 나의 얼굴과 까만 머리까지 다 가려주기에 내게는 완벽한 가면이라고 생각했다. 늑대 가면을 쓰고 긴 샤워 가운을 입자 《빨간 모자》에 나오는 늑대 할머니 분장이 완성되었다.

분장을 하고 등교하는 길, 늑대 할머니로 변신하는 것은 내겐 별로 어려운 일이 아니었다. 나는 원래 말이 없고 침묵이 편했기 때문에 그날도 아무 말 없이 묵묵히 걷고만 있었다. 하지만 내가 누군지 들킬까 봐 내심 조마조마한 마음이 들었다. 그때 친구 몇몇이 다가와서 "리사인 거 다 알아" 했다. 나는 입을 꼭 다문 채 머리를 좌우로 흔들었다. 한 여자아이가 "너 리사지?" 하고 물었을 때도 가만히 고개만 흔들었다. "너 리사인 거 다 알아. 네 책가방 보면 알 수 있다니까."

정체를 들켰지만 그 순간 이상하게도 안도감이 밀려들었다. '이제 더이상 다른 사람을 속일 필요가 없겠구나.' 나는 한결 편안해진 마음으로 남은 하루를 보낼 수 있었다.

평생 가면을 쓰고
살 수 있을까?

가면을 쓴 채로 살아가는 것은 생각보다 더 고통스러운 일이다. 우리 모두는 얼마간은 임포스터여서 남들이 내 진짜 모습을 알게 될까 봐 늘 불안해한다. 가령 친구가 마음에 들지 않는 행동을 했을 때 솔직하게 말 못 하고 꾹 참고 있다가 다른 작은 일에 활화산처럼 터질 때가 있다. 가면으로 감정을 가리려다가 억눌렸던 내 모습이 더 부풀려진 형태로 튀어나오는 것이다. 이런 일을 예방하기 위한 방법은 하나뿐이다. 들켜야 한다.

늑대 할머니 가면을 쓰고 사람들을 완벽하게 속이려고 할 때는 나란 사실을 들키게 될까 봐 마음이 무척 조마조마했다. 하지만 책가방 때문에 나란 사실이 들통난 후로는 마음이 편해졌다. 어차피 들켰으니 더는 나를 숨길 필요가 없었고, 가면을 완벽하게 써야 한다는 욕심도 버릴 수 있었다. 고작 몇 시간 썼던 작은 가면 하나가 벗겨졌을 뿐인데도 그렇게 안도가 되었던 걸 보면, 평소 임포스터로 살아가는 것이 얼마나 힘들고 괴로울지 충분히 짐작이 되고도 남는다.

이런저런 '척하는' 가면은 임포스터이즘 증상들을 한층 악화시킬 수 있다. 간단한 상황을 하나 가정해보자. 처음 만난 사람과 한참 동안 대화를 나누다가 갑자기 상대방의 이름이 기억나지 않는다. 이때만 돼도 상대에게 "이름이 뭐였죠?"라고 되묻는 것이 그리 창피한 일은 아니다. 하지만 솔직하게 되묻지 못하고 계속 아는 척을 했다고 상상해보자. 상대방과의 만남이 거듭될수록 지금에 와서 이름을 재확인한다는 것이 큰 결례가 될 것 같아 사실을 말하지 못한다.

내게는 이런 경험이 꽤 많다. 차마 이름을 묻지 못하고 얼렁뚱땅 넘어갈 때마다 미안한 마음이 들었지만, 친하게 지내고도 이름을 외우지 못했다는 사실을 들키지 않기 위해 나는 상대를 잘 아는 척 가면을 쓰곤 했다. 그러다 다른 친구에게 그 사람을 소개시켜줘야 하는 자리에서 결국 그 사실이 드러나고 말았다. 민망하기 짝이 없었지만 "이 친구 이름은……" 하고 말끝을 얼버무린 채 상대방이 자기 이름을 말해주기를 기다려야만 했다.

가면이 벗겨지기 위해서는 들통나는 것이 중요하며, 이왕이면 빨리 들통나는 게 좋다. 들키는 것을 피하려고 자꾸만 가면을 쓰게 되면 결국 실패하는 일도 점점 많아진다. 그래서 이왕 들킬 거라면 다른 누구로부터 어쩔 수 없이 발각당하기보다, 나 스스로 기꺼이 들키기를 선택하는 것이 낫다고 생각한다. 앞서의 경우에서라면 "죄송한데, 제가 선생님 이름을 잊어버렸어요"라고 솔직하게 시인함으로써 자기 불안에서 벗어날 수 있다. 들키지 않으려 애쓰면 애쓸수록 불안한 마음은 더 커질 수밖에 없으니 말이다.

◆ 언젠가는
   들킬 수밖에 없다

가면 뒤 실체는 언젠가는 드러나게 되어 있다. 이와 관련된 음식 맛보기 실험을 하나 살펴보자. 연구자들이 달콤한 초콜릿과 깍뚝썰기된 무를 참가자들 앞에 두고, 그들에게 두 가지 중 하나만 먹게 했다. 어떤 참가자는 초콜릿만 먹어야 했고, 또 어떤 참가자들은 무만 먹어야 했다. 각각 주어진 음식을 먹은 다음에는 설문조사에 응답하게 했다.

그다음, 연구자들은 참가자들에게 몇 가지 퍼즐을 풀어보도록 했다. 그 퍼즐들은 달리 정해진 답이 없었는데, 여기서 연구자들은 참가자들이 이 퍼즐을 풀기 위해 얼마나 오래 씨름할 것인가, 즉 참가자들이 보여주는 자제력의 정도를 관찰하고자 했다.

이때, 앞서 실시했던 맛보기 실험에서 초콜릿을 먹었던 참가자들보다 무를 먹었던 참가자들이 더 빨리 퍼즐 풀기를 포기했다. 이들은 초콜릿을 먹지 않아도 괜찮은 척하느라 더 많은 자제력을 발휘해야 했고, 퍼즐을 풀어야 하는 시점에서는 그만큼 자제력이 바닥나버렸던 것이다. 연구자들은 이 같은 결과의 원인이 '자아고갈 Ego Depletion' 때문이라고 설명했다.

이 실험이 의미 있는 이유는 무엇일까. 눈 앞에 보이는 초콜릿을 먹고 싶은 마음을 꾹 눌러 참는 순간, 참가자들은 가면을 쓰는 것과 다름없었다. 이는 우리가 원래의 자신을 보여주지 않고 계속 가면을 쓸 때 엄청난 에너지 소모가 발생한다는 것을 증명해주는 것이 아닐까.

더 중요한 사실은 그런 '척할' 때 쓰이는 에너지가 무한정으로 주어지지 않는다는 것이다. 실험결과에서 보듯 우리에게 주어진 정신에너지는 유한하다. 임포스터들도 마찬가지다. 실체를 들키지 않기 위해 자신의 감정과 생각을 자제할 때 실은 엄청나게 많은 에너지를 쓰고 있는 셈이다. 나는 실험을 떠올릴 때마다 이런 생각을 한다. '이렇게 계속 가다가는 내 자아가 몽땅 고갈돼버리고 말 것이다. 그러니 그러기 전에 나 스스로 들켜버리는 게 낫지 않을까?'

들키는 데에도
학습이 필요하다

본모습을 일찍 발각당할 경우 우리는 세 가지 장점을 누릴 수 있다. 첫째, 불안한 느낌이 완화된다. 둘째, 학습의 처음부터 끝까지 모든 단계에 걸쳐 사람들의 피드백을 얻을 수 있다. 셋째, 피드백을 통해 자기 행동을 계속 조절해나가기 때문에 '완벽한 답'이나 '정답'을 찾아야 한다는 강박이 사라진다. 나는 스스로 들키는 법을 터득한 덕분에 임포스터의 가면을 조금씩 벗을 수 있었다고 믿는다. 예전의 나는 들키는 것을 너무나 두려워해서 사람들 앞에서 가면을 뒤집어쓰곤 했지만 이 들키기 학습을 통해 차츰 변화할 수 있었다.

대학교에 다닐 때 나는 저명한 동물학습 심리학자이자 작가인 로버트 레스콜라Robert Rescorla 교수님의 수업을 들은 적이 있다. 1학년 때부터 레스콜라 교수님의 실험실에서 연구조교로 일하게 되면서 거의 매일 교수님을 만나뵈었고, 그분의 가르침을 통해 실험 방법론의 기초를 다져나갈 수 있었다. 3학년이 되었을 때 수업에서 처음으로 논문을 써서 제출해야 했다. 교수님에게 논문 초안을 제출하면 피드백을 받을 수 있었지만, 내가 얼마나 글을 못 쓰는지 들키고 싶지 않아 나는 논문 제출을 최대한 미뤘다. 논문을 미루고 있는 동안 마음 한구석이 찝찝했지만 실험실에서는 가면을 쓴 채 자신감 넘치는 사람처럼 지냈다.

학기 말이 다가올수록 나의 불안감은 점점 불어났고, 논문을 제출하는 마지막 순간에 내 실체가 들통날 것이라 생각하니 겁이 났다. 결국 최종 마감일을 며칠 앞둔 시점이 되어서야 허둥지둥 논문을 쓰기 시작했다. 그리고 가까스로 최종본을 제출할 수 있었다. 논문을 읽은 레스콜라 교수는 내가 가장 듣기 두려워했던 말을 건넸다. "리사, 네 논문은 많이 실망스럽구나. 리사는 프레젠테이션은 잘하는데 글 쓰는 능력은 부족한 것 같아."

결국엔 들키고 말리라는 사실을 잘 알고 있었으면서도 나는 끝내 가면을 벗지 못했다. '처음부터 초안을 제출하고 피드백을 받았더라면 얼마나 좋았을까'라는 생각이 들었지만 시간이 갈수록 실천은 어려워졌다. 어느 정도 시간이 있으니 초안도 그만큼 완벽한 상태로 나와야 한다고 생각해서, 완벽한 글이 나오기 전까지는 어느 누구에게도 내 글을 보여줄 수 없다고 생각한 것이다.

다행히 레스콜라 교수님은 나를 실력 없는 학생으로 치부해버리지 않고 따뜻하게 다독여주었다. "리사, 내일 내 연구실로 오렴. 논문 쓰는 법에 대해 알려줄게." 다음날 교수님을 만나는 일도 무척 겁났던 게 사실이다. 하지만 되돌아보면 그 계기 덕분에 들키는 학습의 어떤 점이 좋은지, 또 가면을 벗으면 무엇이 좋은지 더 잘 알게 되었다.

나는 연구실에서 교수님과 함께 내가 쓴 글들을 하나하나 리뷰해보았다. '나는 글 못 쓰는 학생'이란 생각에 처음엔 두렵고 울적했지만 나중에는 외려 마음이 편해졌다. 교수님은 내게 과학적인 논문 작성법을 가르쳐주면서 누구나 이런 글쓰기를 처음엔 다 어려워한다고 위로해주었다. '처음부터 글 못 쓰는 아이' '처음부터 글 잘 쓰는 아이' 같은 건 없다는 사실을 레스콜라 교수님을 통해 깨달은 후로 나는 조금씩 가면 쓰기에서 벗어날 수 있었다.

◆ **처음부터 잘하는 사람,**
  못하는 사람은 없다

솔직히 나에게 글쓰기는 지금까지도 무척 어렵고 힘들게 느껴지는 영역이다. 그래서 글을 쓰기 전부터 막막해진다. 나는 무슨 이야기를 하고 싶은지, 내가 쓰고자 하는 주제가 과연 사람들이 듣고 싶어 하는 이야기일지, 전하고자 하는 메시지는 어떻게 표현해야 할지 걱정이 앞선다.

다른 사람들이 나를 어떻게 볼까 하는 문제는 임포스터를 포함한 모든 사람들의 평생 고민거리인 듯하다. 아이들은 부모님의 눈치를, 학생들은 선생님의 눈치를, 그리고 직원들은 상사의 눈치를 보며 살아간다. 가면을 벗고 솔직해진다고 해서 이런 걱정거리가 사라지는 것은 아니다. 하지만 가면을 일찍 벗어버리면 마음의 짐이 덜어지는 것은 사실이다. 일례로 내가 지금 쓰고 있는 이 책에 대해 이야기해보고 싶다.

책 출판이 결정되면 제일 먼저 출판사 담당자와 최종 원고 마감일을 정한다. 마감일이 1년 후로 정해졌다고 하자. 만약 출판사로부터 연락이 올 때마다 내가 가면을 쓰고 "네, 문제없이 잘 쓰고 있어요"라고 한 뒤, 원고 집필을 몰래 미룬다면 어떻게 될까? 우선은 나 스스로가 무척 불안해질 것이다. '어떻게든 잘 될 거야'라고 스스로를 달래보지만 한 줄도 쓴 바가 없기 때문에 시간이 지날수록 불안감이 쌓여갈 것이다. 그리고 그 불안함 때문에 스스로 궁지에 내몰리게 될 것이다. 최악의 경우, 원고 쓰기를 계속 미루다가 마감일 안에 책을 완성하지 못할 것 같으면 출간 자체를 포기해버릴 수도 있다.

나는 이런 상황이 되기 전에 스스로 들키는 기회를 먼저 만들었다. '편집자가 내 글솜씨가 별로라는 걸 알게 되면 어떡하지?' 하는 걱정에 사로잡히는 대신, 처음부터 의도적으로 내 실체를 들켜보기로 한 것이다. 그래서 영어와 한국어가 뒤섞인 엉터리 글을 샘

플 원고로 먼저 보냈다. 걱정이 앞섰지만 '나에게 벌써부터 완벽한 글을 요구하지는 않을 거야'라는 믿음 덕분에 용기를 낼 수 있었다. 한편 출판사로부터 피드백을 받았지만 피드백을 완벽하게 이해하기 어려웠던 나는 피드백에 맞춰 내 생각들을 어영부영 계속 써내려갔다. 내 글은 엉터리였지만 원고를 보낼 때마다 편집자로부터 도움이 되는 피드백들을 얻을 수 있었고, 피드백을 주고받는 과정에서 글쓰기의 방향을 조절해나갈 수 있었다.

이 과정이 거듭되면서 글에 대한 자신감이 붙고 원고 전반에 관한 그림을 그려볼 수 있게 되었다. 이런 과정을 통해 나는 책의 전체 구성안까지 완성하는 단계에 도달할 수 있었다. 내가 쓴 글들을 편집자에게 보낼 때마다 '내가 너무 이상하게 썼나?' 겁이 나기도 했지만, 들키는 경험을 반복하며 피드백과 보완을 지속하다 보니 불안한 마음도 조금씩 줄어들기 시작했다. "무엇을 학습하든 나는 초안과 같은 모습으로 시작하기 마련이며 그건 누구나 마찬가지다"라는 믿음이 생겨서 부끄럼 없이 글을 쓸 수 있게 되었다. 더이상 완벽한 척할 필요가 없어지니 마음이 편안해진 것이다.

들키는 학습을 지속하면서 나의 임포스터이즘은 많이 사그라들었다. 글쓰기를 비롯하여 인생의 문제가 닥쳐올 때마다 나는 곧바로 '문제를 판단하는 일'부터 시작한다. 그리고 이 문제를 해결하기 위해 다른 사람들의 도움이 필요하다는 사실을 반드시 기억하려고 한다. 이것이 바로 메타인지다. 문제를 풀면서 먼저 모니터링

을 하고, 답이 나오지 않는다면 컨트롤을 통해 문제를 해결하는 것
이다.

이왕 자신의 진짜 모습을 들킬 거라면 내가 먼저 들킬 기회를 만
들고, 남들에게 들키게 되더라도 그 기회를 반갑게 맞아들이는 것
이 좋다. 이렇게 자신과 남들에게 나의 진짜 모습을 들키는 과정은
모두 메타인지 학습을 통해서 가능하다. 이에 대해서 좀 더 자세히
살펴보자.

부모를 실망시킬까 봐
메타인지를 버리는 아이들

학습을 할 때 우리는 대개 큰 목표 하나만을 바라보는 경향이 있다. 100점을 목표로 삼고 거기만 바라보며 맹목적으로 달리는 것이다. 그러나 최종 목표 하나만을 바라보고 달릴 경우, 중간 과정을 점검해볼 기회를 놓칠 수 있다. 지금 내 자신이 어떤 학습 단계에 있는지 깨닫는 과정이 생략돼버리는 것이다.

다음 주 월요일에 시험을 앞두고 주말에 공부하면 된다고 결정한 아이가 있다고 하자. 자기 결정에 따라 아이는 주말까지 시험 준비를 미루게 되고, 한 주 동안 자신이 시험 과목에서 무엇을 알고 무엇을 모르는지 확인하고 준비하는 과정을 건너뛰게 된다. 자신의 메타인지를 활용할 기회 자체가 사라지는 것이다.

◆ **공부를 시작하기도 전에**
자신을 속이는 방법

내 아들아이가 숙제하는 모습을 보면, 저런 식으로는 메타인지를 사용할 일이 없을 텐데, 하는 걱정이 생기곤 한다. 시험을 앞둔 아이에게 "기욱아, 다음 주에 수학 시험 있지 않니? 공부는 시작했어?"라고 물어보면 아이는 늘 "아직 일주일 남았으니까 나중에 하면 돼요"라고 한다. 아직은 공부 내용이 그리 어렵지 않기 때문에 웬만하면 그냥 넘어가는 편이다. 공부를 조금 미뤄도 시험에는 큰 지장이 없겠거니 해서다.

실제로 아들아이는 시험점수를 잘 받아오는 편이다. 초등학교 때는 공부를 많이 하지 않아도 점수 따기가 수월해서다. 하지만 벼락치기는 습관이 될 수 있다. 벼락치기 공부는 배운 내용을 내가 얼마나 잘 이해하고 있는지, 어떤 부분을 내가 어려워하는지 살펴볼 기회를 앗아간다. 시험에 나올 법한 정보들을 머릿속에 욱여넣기 급급하다 보니, 자신의 학습상태를 모니터링할 시간이 없는 것이다.

모니터링이 없으니 당연히 자기 수준에 맞게 학습전략을 컨트롤하는 단계도 시작되지 않는다. 더 나은 학습방법이 뭘까 궁리하고 시도해보는 일은 더욱 요원해진다. 스스로 학습방식이나 목표를 조절하는 법을 익히지 못한 아이는 학년이 올라가고 학업수준이 높아질수록 불안해진다. 좋은 성적을 내기 어렵겠다는 생각에 슬금슬금 공부를 미루게 된다. "나중에는 다 할 수 있겠지?" 하고 마음을 달래보지만, 메타인지를 사용할 줄 모른다면 이런 생각은 기만적인 자기위안에 불과하다.

아이가 성적이 떨어지면 부모는 아이를 학원에 보내야 하나, 과외를 시켜야 하나 마음이 조급해진다. 어린 시절부터 메타인지를 사용할 기회를 놓친 아이들은 자신을 '원래부터 공부 잘하는 자식'으로 알아온 부모 앞에서 자신이 바보처럼 보이면 어떡하나 염려하기 시작한다. '나는 항상 쉽게 배워왔고 우리 엄마도 나를 공부 잘하는 아이로 여길 텐데. 알고 보니 나는 공부를 못하는 사람이었네' 하면서 자신의 못난 모습을 들킬까 봐 전전긍긍하게 된다.

물론 메타인지 학습을 시작하기에 중학생은 결코 늦은 나이가 아니다. 내가 이야기하고 싶은 것은 어렸을 때 메타인지를 사용할 기회, 즉 자기 자신을 모니터링하고 컨트롤할 기회를 자주 가졌더라면 자신의 학습상태에 대해 별로 불안을 느끼지 않으리라는 것이다. 자신이 아는 것과 모르는 것이 무엇인지 잘 파악하고 있으면, 막막해하는 일 없이 자신에게 맞는 학습전략을 잘 찾아갈 수 있기 때문이다.

들키기 학습을 실행하는 필수조건

완벽해 보이는 가면에서 자유로워지려면 자신의 민낯을 남들에게 기꺼이 드러내는 연습이 필요하다. 나는 자기 모습을 들키는 학습을 하려고 할 때 필요한 것이 메타인지적 공부라고 생각한다. 《메타인지 학습법》에서 나는 학습에 대한 세 가지 오해가 존재한다고 이야기한 바 있다. '빠른 학습, 쉬운 학습, 실수 없는 학습이 좋은 학습'이라는 오해 말이다.

빠르고, 쉽고, 실수 없는 공부법은 나의 모습을 있는 그대로 드러내주지 못한다. 미루고 미루다 시험 직전 벼락치기로 좋은 점수를 받게 되면 잠시 기분은 좋을 수 있다. 하지만 공부를 미루면서 '쉽겠지? 오래 안 걸리겠지?'라고 생각하는 것은 불안을 달래기 위한 자기 속이기에 가깝다.

문제는 이렇게 자신을 속이는 과정에서 '난 똑똑하니까' 혹은 '난 원래 못하니까' 하고 스스로에게 고정관념을 부여하는 것이다. 고정관념은 자신의 학습곡선을 전혀 고려하지 않은 채 성급하게 내리는 판단으로, 자신의 진짜 상태를 남들에게나 심지어 자기 자신에게도 숨기게 만든다.

◆ **결국은 실천이 답이다**

요즘 나는 딸아이와 함께 매일 테니스를 친다. 공이 잘 안 맞는 날이면 딸아이는 "나 오늘 너무 못 쳐!" 하면서 금세 포기하려 한다. 이런 말을 들을 때마다 공을 친 지 얼마나 됐다고 벌써부터 '나는 공 못 치는 사람'이라는 판단을 하느냐고 잔소리를 하고 싶어진다. 나는 이런 판단이 얼마나 성급한 판단인지 알려주고 싶어서 "세린아, 아예 '1년 365일 내내 나 너무 못 쳐!'라고 얘기하지 그러니" 하고 농담을 던진다. 그러면 딸아이는 피식 웃으며 "알았어요" 하고는 다시 서브 하나하나를 신경써서 치기 시작한다.

　시도하기도 전에 성급하게 스스로를 판단해버리는 태도야말로 알게 모르게 우리를 임포스터로 만들 수 있다. 내가 어떤 상태인지 정확하게 모니터링하고 있지 않으면, 타인의 시선이나 의견을 신경쓰게 되거나 스스로에 대한 판단적 사고에 사로잡힐 수 있다. '남들 눈에 서브가 느려 보이면 안 된다'라든가 '테니스 공이 늘 완벽하게 라켓에 맞지 않으면 나는 테니스를 칠 자격이 없다'는 식의 판단들은 자신이 지금까지 테니스를 어느 정도나 배워왔으며, 테니스 실력을 향상시키기 위해 뭘 더 배워야 하는지에 대해 생각해보는 과정을 방해한다.

정확한 메타인지 판단을 위해서는 잘 치든 못 치든 무조건 공을 쳐봐야 한다. 학습도 마찬가지다. 난이도가 높든 낮든 일단은 공부를 시작해야 한다. 직접 공부를 해봐야 내가 못하는 게 뭔지, 어디에서 실수가 발생하는지 파악할 수 있다. 자기 상태에 대한 이같은 이해가 있어야 정확한 컨트롤 방법을 신속하게 찾아낼 수 있다. 이러한 과정을 거듭하며 우리는 마침내 궁극적 목표에 도달할 수 있게 된다.

'조금만 더 해보자'는 마음으로

메타인지를 처음 배웠을 때 나는 메타인지 연구가 어쩌면 '가짜'가 아닐까 생각했던 적이 있다. 그런 의구심에는 이유가 있었다. 수많은 메타인지 관련 실험들에서 연구진은 참가자들로 하여금 특정 주제를 공부한 뒤에 모니터링 판단을 하게 했다. 이를테면 실험참가자들이 특정 주제를 학습한 후에 그 주제와 관련된 글을 읽고 연구진으로부터 "이 글이 얼마나 어렵습니까?"라는 질문을 받는 식이다. 실험에서는 글이 많이 어렵다고 느낄 경우 자신의 학습상태(모니터링 판단)를 10점(많이 어렵다)이란 숫자로 답하게 되어 있다.

하지만 실제로 공부를 해보면 모니터링 판단이 실험에서처럼 한 번으로 끝나지 않는다는 것을 알게 된다. 공부를 하면서 내 학습상태에 대한 판단이 매 순간 바뀔 수 있는 것이다. 지금은 공부가 무척 어렵게 느껴지다가도 '아, 이제 알겠다' 하는 순간이 갑자기 찾아오기도 하고, 정반대로 쉽게 느껴졌던 내용이 갑자기 '어? 이게 아니었나?' 하면서 다시 어렵게 느껴지기도 한다. 이처럼 모니터링 판단은 순간순간 변화한다. 메타인지 분야의 연구자들은 모니터링 판단이 순식간에 큰 폭으로 변화할 수 있다는 사실을 잘 알고 있다. 하지만 실험으로는 모니터링 판단의 매 순간을 일일이 측정할 수 없기 때문에 실험 설계에 한계가 있을 수밖에 없다. 물론 '순간 모니터링'에 관한 실험이 전무했던 것은 아니다. 순간 모니터링에 관한 실험을 한 가지 소개하겠다.

연구진은 실험참가자들에게 여러 가지 통찰문제insight problems를 풀게 했다. 통찰문제란 사칙연산처럼 차근차근 단계를 밟아 해답에 근접해 가는 것이 아니라 한순간에 직관적으로 규칙을 파악해내는 문제들이다. "정원사는 네 그루의 나무를 정확히 같은 간격으로 심어야 합니다. 어떻게 하면 될까요?" 같은 통찰 문제들을 여러 개 푸는 동안 참가자들은 10초마다 자신의 상태가 얼마나 정답에 가까운가를 모니터링해야 했다. 0부터 10까지의 기준을 두고 자신이 아는 정도를 숫자로 선택해보도록 했는데, 아예 정답을 모를 것 같으면 0을, 정답을 알 것 같으면 10을 선택하는 식이었다.

결과는 매우 흥미로웠다. 실험 전에 연구자들은, 10점에 가깝다고 판단한 참가자들은 답을 맞힐 확률이 높을 것이고, 0점에 가깝다고 판단한 참가자들은 답을 맞히지 못할 것이라고 가설을 세워

두었다. 하지만 결과는 정반대였다. 스스로 정답에 가까워지고 있다고 판단한 '10점 부근'의 참가자들은 오답을 써낸 반면, 답을 잘 모르겠다고 판단한 '0점 부근'의 참가자들은 정답을 써냈다.

놀랍게도 '나는 아직 멀었어'라고 판단했던 참가자들이 문제 해결에 성공했다. 10초마다 '순간 모니터링'을 관찰한 결과, 판단은 매 순간 달라질 수 있으며 자신의 모니터링 판단과 성공 간에 반드시 상관관계가 성립하는 것도 아니란 사실이 밝혀졌다. 문제를 풀면서 내리는 메타인지 판단도 이렇게 들쭉날쭉한데, 하물며 문제를 읽기도 전에 내리는 판단은 얼마나 더 부정확하겠는가?

◆ 학습곡선은
   정해져 있지 않다

이 연구를 통해 우리의 판단은 순간마다 바뀌며, 자신의 판단을 보류할수록 성공에 더 가까워진다는 사실이 밝혀졌다. 그러나 더 중요한 사실은 학습곡선은 처음부터 정해져 있지도 않거니와, 어떤 형태로 완료될지를 미리 예측할 수 없다는 것이다. 처음부터 미래를 알고 시작하는 사람은 없다. 하지만 느리고, 어렵고, 실수가 많은 학습 과정을 극복하기 위해 메타인지로써 자기 자신을 직면하고 이해하려고 노력한다면 어느 순간 자신이 원하는 답에 가닿을 수 있다. 느리고, 어렵고, 시행착오로 가득한 '자기 들킴의 순간'들이 성공의 디딤돌이 되는 것이다.

느린 학습이 좋다고 말하는 이유는 자기 실력을 스스로에게 들 킬 기회를 만들어주기 때문이다. 조금씩 쪼개어 공부하는 분산학 습법은 대표적인 느린 학습법에 속한다. 분산학습법을 사용하면 어제 공부한 내용 중에서 "이건 암기했고 이건 잊어버렸네" 하면 서 내가 공부했던 내용을 어느 정도나 기억하고 있는지 확인할 수 있게 된다. 자신의 실력을 스스로에게 들킬 수 있는 것이다. 이런 과정을 통해 자기에게 맞는 학습법을 더 정확하게 찾아낼 수 있고 그다음 목표를 창의적으로 조절할 수 있게 된다. 메타인지가 곧 나 만의 학습곡선을 만들어가는 방법이 되는 것이다.

나 역시도 '내가 모른다'는 사실을 타인뿐만 아니라 나 자신에 게도 숨기고 싶어서 할 일을 미루곤 했었다. 그러나 요즘은 '잘 모 르겠는데?' 하는 마음이 들 때마다 과제를 미루기보다 '조금만 더 생각해보자'라고 마음먹는다. 과정이 힘들긴 해도 메타인지 판단 을 계속해서 밀고 나가면 어느 순간 '알겠다!'에 도달할 수 있음을 잘 알기 때문이다. 메타인지 판단이 매 순간 변화할 수 있다는 사 실을 알고 있는 것도 꾸준히 하는 데 도움이 된다. '처음부터 완벽 하게 알고 있어야 한다'고 생각하면 잘 모르는 상태가 불안하게 느 껴지고 금세 포기하고 싶은 마음이 들 수 있다. 그럴 땐 '조금만 더 해보자' 하고 얼른 생각을 돌이키길 바란다. 큰 목표보다 작은 목 표에 먼저 도달하도록 자신을 격려하는 것이 중요하다.

가면을 벗는 순간은
선택할 수 있다

임포스터이즘에 관한 이야기를 듣고 "가면을 어느 정도는 쓰고 살아야지, 어떻게 자기 생각을 다 드러내면서 살겠어요?"라고 되묻는 사람들도 있다. 나도 그 말에 동의한다. 머릿속에 든 생각들을 시시콜콜 다 드러낼 필요는 없다. 그리고 살다 보면 정말로 가면을 써야 할 때가 있다.

사실 가면이 늘 해롭기만 한 것은 아니다. 처음 교수가 되었을 때 나는 학생들과 친구 같은 편안한 관계를 맺고 싶었다. 그러면 학생들이 나를 좋아해주고 강의에도 열심히 참여할 거라고 믿어서였다. 너무 엄격하고 권위적인 교수들을 볼 때마다 학생들에게 저렇게까지 해야 하나 싶은 생각도 들었다. 그러나 몇 년의 교수 생활 끝에 나는 상황에 따라 어느 정도는 '가면놀이'가 필요하다는 사실을 받아들이게 되었다. 이젠 상황이나 필요에 따라 나 자신을 솔직하게 드러내기도 하고 감추기도 한다.

나는 우리가 가진 가면들을 완전히 폐기해야 한다고 주장하는 것이 아니다. 가면을 써야 하는 순간에도 그 가면이 자신을 위한 것인지 타인을 위한 것인지 성찰할 필요가 있다고 말하고 싶은 것이다. 타인에게 잘 보이기 위해 계속해서 가면을 쓰다가는 자칫 자기 자신을 잃어버릴 수 있다. 내가 가면이 돼버리는, 이런 식의 가면 쓰기야말로 임포스터이즘이 자라나는 온상이 될 수 있다. 나는 임포스터이즘을 예방할 수 있는 좋은 방법 가운데 하나가 메타인지 학습이라고 믿는다. 메타인지 학습을 통해 가면을 언제 쓰고 벗을지 잘 조절할 수 있으면 해로운 임포스터이즘을 피해 갈 수 있다. 메타인지를 활용하면 적어도 자기 자신에게만큼은 솔직해질 수 있기 때문이다.

우리는 경쟁에서 이겼을 때 패배한 사람 앞에서 크게 웃거나 잘난 척하지 말라고 배워왔다. 속으로는 "내가 이겼다!"고 큰 소리로 자랑하고 싶지만, 속상해하는 상대를 배려해서 '조용한 가면'을 쓰고 진짜 속내를 드러내지 않는다. 하지만 이 경우엔 타인 앞에서 가면을 쓰더라도 내가 나 스스로를 어떻게 생각하는지 분명히 인지하고 있다. 자신의 솔직한 생각과 기분을 알고 있는, 말하자면 '스스로에게 들킨' 상태인 것이다. 다른 사람에게 내 속내를 완전히 드러내지 않더라도 내가 나 자신의 상태를 잘 알아차리고, 있는 그대로 수용할 수 있다면 아무런 문제가 되지 않는다.

◆ **나를 위한 가면인가,
남을 위한 가면인가**

반드시 타인을 속여야 하는 상황도 있다. 상대를 이기기 위해 내 생각과 감정을 감쪽같이 숨기고 허세를 부려야 하는 게임의 상황이 그렇다. 중학교 때 가끔 내 또래 한국 친구들과 게임을 하곤 했다. 여러 게임들 가운데 내가 제일 좋아하는 게임은 '불쉿Bullshit'이 었는데, 손에 든 카드를 빨리 없애버리는 사람이 승자가 되는 게임이었다.

에이스, 2, 3, 4 순으로 카드를 보이지 않게 내려놓으면서 자신이 어떤 카드를 내놓았는지 말하는데, 이때 손에 든 카드를 빠르게 털어버리려면 전략적으로 거짓말을 해야 한다. 이 게임의 목표는 성공적으로 '거짓말bullshit'을 해서 다른 사람들을 속이는 데 있다. 만약 상대가 나를 믿는다면 다음 사람에게 순서를 넘기게 되지만, 믿지 못해서 "거짓말!"이라고 외칠 경우에는 카드를 뒤집어서 거짓 여부를 확인하게 된다. 이때 거짓이 들통나면 쌓여 있던 카드 전부를 거짓말한 플레이어가 가져가고, 거짓말이 아닌 것으로 드러나면 "거짓말!"이라고 외친 플레이어가 카드를 가져간다.

이런 게임에 임할 때는 반드시 가면을 써야 한다. 다른 사람들을 속이기 위해서 내 감정을 절대 드러내서는 안 된다. 돌이켜보면 당시의 나는 완벽한 임포스터여서 다른 사람들에게 내 감정을 속이는 것이 꽤나 익숙했다. 때문에 게임을 위해 감정을 속이는 일이 짜릿하게 느껴졌고 절대 들키지 않을 자신도 있었다. 게임을 할 때마다 연승가도를 달리다 보니 나를 '거짓말 여왕'이라고 부르는 친구까지 생겨날 정도였다. 나 역시도 나의 포커페이스를 자랑스럽게 여겼다.

게임에서는 가면을 쓰는 것이 좋았지만, 현실에서는 포커페이스를 능숙하게 유지하면 할수록 더 불안해지곤 했다. 진짜 감정을 억누르고 내 감정을 조작해서 보여줘야 했기 때문이다. "너무 크게 웃지 마!" "그게 울 일이야?"라는 말을 들을 때면 괜찮은 척 가면을 쓰고 감정을 감춰야 했다. 정말로 '거짓말 여왕'이 되어 나를 완벽하게 숨겨야 한다고 생각했다. 크게 웃거나 울거나 감정을 드러내는 것보다 포커페이스가 더 성숙하고 멋진 것이라고 생각했다.

미국인들은 동양인들의 그런 포커페이스를 '쿨한' 것으로 보기도 한다. 어릴 때 친구가 많은 편은 아니었지만 그래도 나는 다른 사람들이 나를 쿨한 사람이라고 생각해주길, 또 그렇게 속일 수 있길 바랐다. 그런데 그런 속임수가 정말로 먹히는 것일까?

〈감정을 드러내지 않는 것이 멋진 것일까?Is Being Emotionally Inexpressive Cool?〉라는 제목의 심리학 연구가 있다. 연구진은 실험참가자들로 하여금 마이클 조던이 웃고 있는 모습으로 등장한 광고

마이클 조던이 웃는 표정으로 등장한 광고(좌)와 무표정으로 등장한 광고(우)

(Warren et al., 2018)

경쟁 상황에서 웃고 있는 얼굴(좌)과 무표정한 얼굴(우)

와 무표정한 얼굴로 등장한 광고를 보면서 그가 얼마나 멋져 보이는가를 각각 평가하게 했다. '쿨한 가면'을 쓴 마이클 조던을 더 멋지다고 평가할 것이라는 연구진의 예측과는 정반대의 결과가 나왔다. 참가자들은 무표정한 얼굴이 멋지기cool보다는 외려 차갑게 cold 보이며 웃는 모습이 훨씬 더 멋지다고 답한 것이다.

연구진은 다음 실험에서도 참가자들에게 비슷한 질문을 던졌다. 다만 이번에는 광고가 아닌 경쟁 상황이라고 설명해주었다. 그러자 이번에는 웃지 않는 얼굴, 즉 '가면을 쓴 사람'이 더 멋지다고 답했다. 대개 우리 안에는 경쟁하는 나, 불완전한 나를 드러내지 않고 완벽한 모습만 보이고 싶어 하는 마음이 있으며, 완벽한 자신에 대한 환상을 가면에 투영하게 마련이다. 때문에 가면 벗기를 두려워하거나 가면을 벗어야 할 이유를 알지 못하는 것이다. 그러나 보통은 솔직한 감정을 보여주는 것이 타인에게도 편안한 느낌을 준다. 상대가 솔직하게 감정을 드러내면 나 역시도 숨길 필요가 없어져 한결 편안해지기 때문이다.

건강한 가면놀이를
가능하게 만드는 방법

임포스터이즘을 없애기 위해 내 안의 모든 것을 밖으로 드러내거나 보여줘야 하는 것은 아니다. 메타인지는 원래 나 혼자 하는 생각들이며, 그것을 타인에게 드러낼지 말지는 자기 선택의 문제다. 사실 우리에겐 머릿속에 오가는 생각들을 다 이야기할 재간이 없다. 심리학의 아버지로 알려진 윌리엄 제임스William James도 비슷한 얘기를 한 적이 있다. "생각을 이야기한다 해도 그 말이 내 생각을 정확하게 다 표현해주지는 못한다." 맞는 말이다. 내 생각을 오롯이 이해할 수 있는 사람은 나뿐이고, 때로는 남의 눈에 보이지 않는 나만의 세계에 조용히 머무르는 시간도 필요하다.

아이들이 좋아하는 동화책 《바질 여사의 뒤죽박죽 섞인 서류들 From the Mixed-Up Files of Mrs. Basil》에서도 이런 이야기가 등장한다. 동화

속 주인공 남매에게 바질 할머니는 무언가를 배우고 마음속에 쌓아두기만 하는 것이 아니라, 그것을 스스로 느끼고 소화하는 시간들이 필요하다고 말한다. '새롭게 배운 사실들을 쌓아두기만 하면 안에서 요란하게 들썩이며 소음을 낼 수 있지만, 뭔가를 진정으로 느낄 수는 없다'라고 바질 할머니는 강조한다.

무엇을 배우든 그것에 대해 혼자 생각하는 시간을 가지면 온전히 내 지식이 될 수 있다는 이야기 아닌가. 밖으로 보여주거나 밖에서 확인받기보다 스스로에 대해 조용히 생각할 시간을 갖는 것이 더 좋다는 의미다. 다른 사람에게 드러내어 도움이 될 만한 피드백을 받아도 좋지만, 그러기에 앞서 나 홀로 그것에 대해 깊이 생각해보는 시간을 가질 필요가 있다. 조용히 생각하기에 관한 심리학 실험을 하나 살펴보자.

실험참가자들은 실험 시작 직전에 '복부-기관abdomen-organ' '잭-해머jack-hammer' '신경-중추nerve-center'처럼 서로 연관성이 적은 단어 쌍을 학습했다. 연구자는 학습을 마친 참가자들에게 이 단어들을 재학습할 기회를 주었는데, 이번에는 참가자들을 A, B집단으로 나누어 서로 다른 방법으로 단어들을 학습하게 했다.

A집단 참가자들에게는 방금 전에 봤던 단어 쌍과 똑같은 단어 쌍을 읽게 했다. 이 집단에게는 스스로 생각할 시간을 주지 않고 곧바로 컴퓨터의 피드백을 받게 했다. 즉 '복부'란 단어가 어떤 단어와 함께 나왔는지를 혼자 생각해보는 시간이 주어지지 않았다.

반면에 B집단 참가자들은 스스로 생각해볼 시간을 가진 뒤 정답을 맞혀볼 수 있었다.

배운 단어 쌍들에 대해 테스트를 실시해본 결과, 정답을 곧장 알게 되는 것보다 틀려도 혼자 생각해보는 시간을 갖는 것이 학습에는 더 도움이 된다는 사실이 밝혀졌다. 나는 이 결과를 보고 '혼자서 생각하는 조용한 가면의 장점'에 대해 다시 생각해보게 되었다.

◆ 표현을 강요해서는 안 된다

미국에서는 아이들이 학교에서 '조용한 가면'을 쓰고 지내는 것을 부정적으로 바라보는 경향이 있는 듯하다. 작가 수전 케인^{Susan Cain}은 이러한 문화적 편견에 주목하여 2012년 《콰이어트^{Quiet}》라는 책을 펴냈다. 그녀는 '미국식의 외향성을 이상적인 성격으로 보는 풍조'가 외향적이지 않은 아이들의 마음을 다치게 할 수 있다고 지적했다. 조용한 사람들에 대한 세상의 편견 때문에 어린 시절부터 정신적 고통을 받을 수도 있다는 것이다.

이 책에서 수전 케인은 좋은 아이디어를 얻기 위해 꼭 큰 소리로 떠들 필요는 없다고 주장한다. 나는 이 책이야말로 메타인지의 비밀스럽고도 개인적인 속성을 정확하게 짚어내고 있다고 생각한다. 그녀의 말대로 내 안의 수많은 생각들을 말로 표현하지 않는다고 해서 머릿속의 좋은 생각들이 사라지는 것은 아니다.

수전 케인은 외향적인 사람인 척하는 것이 가끔 도움이 될 때도 있다고 말한다. 미국에서는 이런 식의 척하기가 얼마나 중요한 가면놀이인지 나 역시 잘 알고 있다. 학교에서 늘상 조용한 모습으로만 지내는 학생은 '무신경하다' '남의 말을 잘 경청하지 않는다' '타인을 이해하려는 노력이 보이지 않는다'는 식의 오해를 받곤 한다. 선생님들은 그런 학생들에게 "말로 표현해야 참여 점수를 줄 수 있다"는 규칙을 제시하기도 한다. 그러나 남들에게 어떻게 나를 표현하느냐보다 더 중요하고 우선인 것이 메타인지란 사실을 잊어서는 안 된다. 제일 먼저 와야 할 것은 자신의 생각이고, 자신의 생각을 사람들에게 표현할지 말지는 그다음에 이뤄져야 할 메타인지 결정이라고 생각한다.

딸아이가 초등학생이었을 때 나는 선생님들로부터 다음과 같은 우려의 말을 자주 들어야 했다. "세린이가 교실에서 너무 말이 없어요. 더 많이 이야기할 수 있도록 어머니께서 격려해주시면 좋겠어요." 선생님들의 부탁에 대한 내 대답은 단호했다. "선생님, 세린이는 학교 수업을 잘 따라가고 있고 배우는 내용에 대해 깊이 이해하고 있어요. 저는 세린이가 자기 생각을 스스로 알아차리고 무엇을 표현할지도 스스로 결정했으면 좋겠어요. 마음의 준비가 되면 세린이도 자기 생각을 표현할 거라 믿어요."

아이에게 스스로 생각할 시간이 필요하다는 내 말에 선생님들도 동감해주었다. 그리고 큰 소리로 말하지 않아도 아이 스스로 잘 배워나가고 있다는 사실을 내 설명을 통해 알게 되었다. 나는 스스로가 어떤 사람인지를 파악하고 자기 자신을 믿게 되면, 어떤 상황에서 어떤 종류의 가면을 써야 하는지도 저절로 알게 된다고 믿는다. 뿐만 아니라 밖으로 드러내지 않은 많은 생각들을 끝까지 지켜내는 법도 배우게 될 것이다.

나의 생각을 말로 내뱉지 않고 메타인지 상태로 조용히 있어보는 것은 나를 있는 그대로 받아들이고 지키는 행위이다. 외부에 끌려 다니지 않고 자기 중심을 지키기 위해서는 조용한 메타인지의 시간이 필요하다. 그러면 더이상 불안해지지 않는다. 메타인지가 익숙해지면 내가 누군지 잘 알게 되므로 나에게 어울리지 않는 가면을 선택하거나 필요 이상으로 가면을 오래 쓰지 않을 수 있다. 메타인지만 있으면 언제나 있는 그대로의 나 자신에게로 돌아올 수 있다. 이렇게 할 수만 있다면 가면을 아무리 써도 가면 속의 진짜 자신을 지킬 수 있다고 믿는다. 메타인지를 믿는 것이 '건강한 가면놀이'를 가능하게 해주는 것이다.

가장 멋진 가면은
나 자신

우리는 살면서 수많은 가면을 쓴다. 상황에 따라 골라 쓰는 가면도 사람들마다 다르다. 어떤 가면을 쓰든 임포스터로 살기란 여간 고통스러운 일이 아니다. 자신도 모르게 여러 가면들을 돌려 쓰다 보면 언제 어떤 가면을 벗어야 할지 몰라 난감해질 때가 있다.

나는 핼러윈 가면에서 시작하여 '행복한 척하는 가면' '처음부터 알았던 척하는 가면' '겸손한 척하는 가면' 등을 번갈아 쓰곤 했다. 게다가 가면을 쓰고 있는 동안에도 가면을 안 쓴 척 나 자신을 속일 때가 많았다.

아직도 이런 가면들이 내 안에 존재한다는 걸 부정할 수는 없다. 하지만 예전에 비해 가면 쓰는 시간이 확실히 줄어들었다. 내 마음 속 옷장에 가면을 걸어두는 시간이 더 늘어난 것이다. 메타인지를 사용하다 보니 나 자신을 있는 그대로 보게 되고, 상황에 맞게 '건강한 가면놀이'를 할 수 있게 된 듯하다.

메타인지 과정은 일견 복잡해 보이지만 꼭 그렇지만도 않다. 정말로 우리 마음을 복잡하게 만드는 것은 우리가 가진 수많은 가면들이다. 메타인지를 사용하는 것은 거울에 비친 내 모습을 보는 것처럼 단순할 수 있다.

내 아들아이는 포커 게임을 할 때 좋은 카드가 들어오면 큰 소리로 웃고 나쁜 카드가 들어오면 금세 침울해진다. 순간순간의 감정이 얼굴에 확연히 드러난다. 게임에서는 표정을 들키면 안 된다고 신신당부를 해도 아들아이는 가면 쓰기를 무척 힘들어한다. 그런 사람이라면 애써 가면을 쓸 것 없이 자신의 감정을 솔직하게 표현하는 것이 낫다고 생각한다.

딸아이가 테니스 공이 네트에 걸려 짜증을 낼 때 내가 가만히 있는 이유도 그 때문이다. 임포스터이즘이 성성한 나였다면 아마도 "세린아, 힘든 순간에 그렇게 감정을 다 드러내면 상대방에게 금세 파악당하고 말아. 지고 싶지 않으면 네 감정을 들키지 마"라고 조언했을 것이다. 그러나 나는 메타인지가 임포스터이즘을 누그러뜨릴 수 있는 최고의 방법이라고 믿기 때문에, 자신을 숨기기보다 표현하는 것이 더 중요하다는 것을 아이들에게도 일깨워주고 싶다.

◆ **자신을 있는 그대로 인정해가는 과정,
   메타인지**

메타인지는 내가 무엇을 망각하거나 모를 수 있는지 스스로 깨닫고 알아차리는 과정이다. 제대로 모니터링을 하려면 배움을 마친 뒤에도 내가 과거에 어떻게 학습했는지 그 과정을 기억해보는 것이 좋다. 이 주제에 대해서 처음에 내가 얼마나 무지했는지, 그 주제를 다 배우기까지 얼마만큼의 시간이 걸렸는지, 배우면서 어떤 실수와 실패를 경험했는지 등을 기억해낼 수 있다면 굳이 '천재 가면'을 쓰지 않아도 될 것이다.

한편 메타인지에는 내가 무엇을 '알고 있는지'에 대해 알아차리는 과정도 포함되어 있다. 뭔가를 배웠을 때 '서투르고 잘 못했던 처음의 나'만 기억해서는 안 된다. 이 말은 우리 한국 아이들이 특히나 더 유념해주었으면 한다. '겸손 가면'을 벗기가 쉽지 않다는 걸 너무나 잘 알지만, 겸손 가면을 쓰는 대신 내가 잘하는 면을 있는 그대로 내보이는 것이 어쩌면 더 정확한 메타인지이고 진정으로 겸손한 태도일지 모른다. 그러니 "처음에는 너무 어려워서 실수도 많이 했지만, 열심히 노력해서 이만큼 알게 되었다. 앞으로 더 배우고 싶은 건 이런 부분이다"라고 남들에게 솔직하게 표현해보면 어떨까.

자신의 메타인지를 있는 그대로 믿을 때 누군가에게 자신의 모습을 보여주는 것이 부끄럽지 않게 된다. 그런 순간에 우리는 비로소 임포스터 가면을 벗을 수 있다. 그리고 가면이 벗겨질 때 메타인지, 즉 모니터링과 컨트롤 과정도 더 매끄럽게 진행된다고 생각한다. 메타인지는 아는 것과 모르는 것을 모두 인정하는 과정이다. 메타인지를 활용할 수 있다면, 무엇을 모를 때 모름을 알아차릴 수 있고 뭔가를 배워 알게 되었을 때 기꺼이 박수를 받을 수 있다.

메타인지는 우리 자신이 완벽하지 않다는 사실을 받아들일 수 있게 해준다. 더 나아가 우리의 부족분을 파악하고 그 부분을 향상시킬 수 있게 도와준다. 우리는 과거의 실수를 통해 실수를 만회하는 법과 도움 청하는 법을 배울 수 있다. 또한 도움을 필요로 하는 사람들에게 자신이 쌓아온 노하우를 나눠줄 수도 있다. 실수와 실패로부터 성공에 이르기까지 전 과정을 함께 나누면서 상대방이 스스로의 메타인지를 활용할 수 있도록 영감을 줄 수도 있다.

메타인지의 핵심은 자기 자신을 솔직하게 인정하고 믿어주는 것이다. 때때로 우리는 다른 사람들에게 인정받기 위해, 다른 사람들 눈에 멋지게 보이기 위해, 혹은 다른 사람들과 비슷해 보이기 위해 가면을 쓰곤 한다. 임포스터이즘을 무조건 나쁘게만 바라볼 필요는 없지만, 중요한 것은 가면을 벗고 나 자신을 있는 그대로 들여다보고 믿어보는 일이다. 타인이 아닌 나 자신을 얼마나 배려하고 있는지 생각해본 적이 있는가?

나 자신에게 정작 좋은 사람이 되지 못한다면 자꾸 가면을 쓰게 되고 그 순간부터 불안해질 수밖에 없다. 다른 사람이 아닌 나에게 집중하고 나를 배려하는 순간 임포스터로 사는 불안에서 자유로워질 수 있다. 자신을 인정하고 편안하게 살아가는 것, 나는 이것이 메타인지가 우리에게 가져다줄 수 있는 가장 큰 행복이라고 생각한다.

◆ 시험점수에 가려져 있는 학습곡선의 이야기

이 책을 마치기 전에 한 가지 이야기를 더 들려주고 싶다. 여기 학생 두 명이 있다. 두 사람 모두 머리가 좋으며, 성적은 상위 등급에 속한다. 이때 우리는 당장 눈에 보이는 지표인 성적에 따라서 이들을 평가하게 될 것이다. 그러나 시험 성적 외에 다른 것들을 볼 수 있다면 어떨까?

예를 들어 두 학생 중 한 명은 훨씬 더 불우한 환경에서도 의지를 굽히지 않고 열심히 공부했다는 사실을 알게 된다면? 우리가 시험 성적 뒤에 숨어 있는 그 사람의 이야기, 즉 그 사람이 거쳐온 학습곡선의 전체적인 모습을 볼 수 있다면, 힘든 상황에도 불구하고 우수한 성적을 거둔 학생의 성공에 더 높은 가치를 부여하게 되지 않을까?

실제로 최근 일부 경제학자들이 눈에 보이지 않는 개인의 경험이 성공의 중요한 요인이 될 수 있다는 주장을 제시한 바 있다. 높은 수준의 교육과 행복 지수로 유명한 핀란드에서, 임용시험 성적이 비슷하게 높은 두 그룹의 교사들 가운데 과거에 재정적인 어려움이나 불우한 환경 등을 겪은 적 있는 그룹의 교사들이 더 우수한 성적의 학생을 배출하는 사례가 발견된 것이다. 이것이 의미하는 바는 무엇일까?

이 사례를 보면서 과거의 힘겨운 역경이나 실패부터 성공에 이르기까지 자신의 모든 경험을 있는 그대로 인정하고 기억하는 사람, 즉 메타인지를 온전히 발휘하는 사람일수록 타인에게 자신을 있는 그대로 드러내고 자신이 거쳐온 삶의 이야기를 공유하는 것이 가능할 것 같다는 생각이 들었다. 이런 어른들이야말로 아이들에게 있는 그대로의 자신, 그리고 자신이 쓰고 있는 가면을 마주보는 용기를 줄 수 있을 것이다.

나는 가면으로부터 자유로운 어른들이 아이들의 마음에 건강한 믿음을 불어넣어 줄 수 있으리라 생각한다. 지금은 비록 거북이처럼 느리고 실수투성이더라도 끝내 자기만의 방식대로 성공의 길을 찾아낼 수 있을 거라는 믿음 말이다.

아직 임포스터로 살고 있는 부모들을 위한 생각의 길

메타인지는 학습에 대한 학습, 즉 우리가 무엇을 아는지, 무엇을 모르는지를 판단하는 사고과정이다. 뿐만 아니라 아직 모르는 부분을 채워나가기 위해 적절한 학습전략을 수립하는 선택의 과정이기도 하다.

최상의 선택을 내리기 위해서는 우리의 과거를 들여다볼 수 있어야 한다. 거북이처럼 느리게 배웠던 일들, 공부가 어려워 애먹었던 시간, 실수를 저질렀던 순간 등 뭔가를 배우면서 우리가 거쳐왔던 시간을 생생하게 돌아볼 수 있다면, 앞으로의 학습에서 경험될 힘든 시간도 거뜬히 버텨낼 수 있을 것이다. 성공하는 법을 배우려면 먼저 '넘어지는' 법을 배워야 한다. 그러나 쉬운 일은 아니다. 나 역시 넘어지는 내 모습을 숨기고 싶어 했다. 넘어짐을 부끄럽게 여겼기 때문에 성공을 해도 나 자신을 자랑스럽게 여기지 못했다.

임포스터는 행복한 마음보다 불안한 마음을 더 많이 품고 산다. 자신의 실수를 타인에게 숨길 뿐만 아니라, 성공을 해도 이를 가짜라고 느껴서 자신이 일궈낸 성공마저도 꽁꽁 숨겨놓고 산다. 나 역시 성공하고도 가면 뒤의 내 모습을 들킬까 봐 두려워했고, 불안한 감정이 커질수록 타인들로부터 사라지고 싶었다. 나는 나와 비슷한 감정을 공유하는 임포스터들과 많이 마주쳐왔다. 나의 경험 그리고 많은 임포스터들과의 만남을 통해 느낀 점이 하나 있다. 임포스터에게 있어 가장 비극적인 사실은 자신이 가짜라는 것을 들킬까 봐 다른 사람의 도움을 받지 못한다는 점이다.

이 책을 통해 나는 우리가 왜 가면을 쓰려 하는지, 또 가면을 쓰는 것이 우리 자신에게 어떻게 해로울 수 있는지 보여주고 싶었다. 무엇보다 가면을 벗기 위한 방법에는 어떤 것들이 있는지 정리해보고 싶었다. 가면을 벗는 데 무언가 대단한 방법이 있는 것은 아니다. 메타인지 학습처럼 우리의 작은 실수와 성공을 '바라보고 인정하는 것'에서 출발하면 된다. 우리 자신을 있는 그대로 받아들이게 하는 것은 바로 '들키는 기회들'이다. 자기 모습 앞에 솔직해질 수 있는 기회들을 피하지 않고 계속 마주하다 보면, 앞으로의 불안한 마음도 줄여나갈 수 있으리라 믿는다.

마지막으로 이 책이 임포스터이즘의 부정적인 측면만을 다루는 것처럼 보일 수도 있지만, 나는 이 책을 쓰면서 나 자신을 더 긍정적으로 바라보게 되었다고 얘기하고 싶다. 임포스터인 내가 책을 쓸 때 나의 '넘어짐'을 드러내는 데 부끄러움이 없었고, 내가 이룬 성공에 대한 나 자신의 공로를 인정할 수 있게 되었다. 이를 계기로 내 아이들에게도 자신의 모든 부분, 즉 실수와 성공을 보며 스스로 이뤄낸 것들을 오롯이 인정하는 기회를 건네줄 수 있었다.

임포스터로 힘겨워하는 대한민국의 모든 부모가 이 책을 읽음으로써 자신의 가면을 벗고 자신의 넘어짐과 성공을 진심으로 받아들일 수 있기를 바란다. '자신을 있는 그대로 인정하는 부모'를 보며 자녀들 또한 그들의 모습을 숨기지 않고 자유롭게 들킬 수 있을 것이라고 믿는다.

감사의 말

삶의 매 순간마다 제가 진실한 나 자신을 되찾을 수 있도록 기운을 북돋아준 이들이 많습니다. 너무나 감사한 일입니다. 제가 실패했을 때나 성공했을 때나 변함없이 응원해준 가족에게 가장 먼저 감사의 인사를 전하고 싶습니다. 특히 우리 아이들, 세린이와 기욱이에게 고마운 마음이 큽니다. 아이들은 하나부터 열까지 완벽하지 못한 엄마에게 많은 것을 가르쳐주었습니다.

뉴저지 리버교회, 그리고 설교로 좋은 말씀을 나눠주신 엄 짐 목사님이 없었다면 겸손의 진정한 의미가 무엇인지 생각할 기회를 얻지 못했을 것입니다. 엄 젠 사모님과 여러 모임에서 힘을 얻은 덕분에 많은 불안에서 벗어날 수 있었습니다. 아낌없이 베풀어주신 그 애정과 친절에 큰 감사를 보냅니다.

스스로 임포스터라는 생각에 힘들었을 때 많은 친구들이 곁에서 큰 위안을 주었습니다. 많은 지지를 보내준 엄마들, 연구에 영감을 주신 분들에게도 고맙습니다. 조민경, 셰릴 브라운 박사님, 자샤 피에트르작 박사님, 에릭 앤더슨, 브리짓 핀 박사님, 네이트 코넬 교수님, 브래디 버터필드 박사님, 글렌 이난가, 소피아 최, 일레인 킴, 김혜란, 젠스 그로서 교수님, 이후선, 김은복, 이영이, 캐런 차이, 루 한, 신윤주 아나운서, 롭 브라더튼 교수님, 손명호 교수님, 장윤희 교수님, 박재현 교수님, 김정훈 교수님, 이대열 교수님, 여러분이 늘 든든한 친구라는 사실에 감사합니다.

하비 그릴 교수님, 로버트 레스콜라 교수님을 비롯해 펜실베니아대학교 교수진으로부터 받은 배려는 언제까지나 잊지 못할 것입니다. 아직 임포스터였던 저를 실험실 일원으로 기꺼이 받아주셨던 서울대학교 약리학과 박찬웅 교수님과 김용식 교수님께도 변함없는 감사의 인사를 보냅니다. 아울러 콜롬비아대학교 심리학과의 훌륭한 멘토들 덕분에 지금의 제가 있을 수 있었습니다. 재닛 멧칼프 교수님, 허브 테라스 교수님, 밥 크라우스 교수님은 제게 가장 멋있게 '넘어지는' 방법을 알려주셨습니다. 스티븐 피벌리 교수님과 샤오동 린 교수님, 콜롬비아대학교 교육학과 동료들 역시 전폭적인 응원을 보내주었습니다.

바너드칼리지 심리학과가 없었다면 저는 가면을 벗을 기회를 영영 놓쳤을지도 모릅니다. 피터 발삼 교수님, 래리 호이어 교수님, 로버트 라메즈 교수님, 애니 셍하스 교수님, 라에 실버 교수님, 다니엘 수산 교수님, 카라 팜 교수님, 수 삭스 교수님께 특히 감사를 표합니다. 함께 있을 때 가면을 쓰지 않아도 되는 나의 고마운 친구 라지브 세티 교수님도 빼놓을 수 없습니다.

제 생각을 글로 옮길 수 있도록 시간과 자원을 허락해준 여러 단체와 기관의 지지가 있었기에 이 책을 끝까지 완성할 수 있었습니다. 풀브라이트 장학생 프로그램과 심재옥 단장님, 한국에서 언제든 편히 머무를 수 있도록 배려해주셔서 고맙습니다. 이 책을 준비하는 과정에서 제 생각을 돌아보고 나눌 기회를 준 CMS, 메타인지의 개념을 한국에 소개할 수 있는 멋진 무대를 마련해주었던 EBS, 네이버, 세바시, 〈스켑틱〉에서 이 책과도 연결되는 논문을 소개할 기회를 준 바다출판사 측에도 이 페이지를 빌려 감사를 전합니다.

이 책에서 소개한 여러 실험에 경제적으로 지원해준 한국의 글로벌 리서치 네트워크, 김경일 교수님, 김태훈 교수님, 이윤형 교수님 고맙습니다. 김민식 교수님, 지은희 박사님, 연세대학교 심리학과, 허태균 교수님, 조양석 교수님, 한국 여행을 주선해준 고려대학교 심리학과에도 감사드립니다. 책을 쓰는 데 큰 도움을 준 아주대학교와 배진희 박사님, 박준수 교수님, 홍석성 박사님, 김준희, 서울대학교 문과대 심리학과, 장대익 교수님과 한소원 교수님, 여러분이 보내준 성원과 지지 잊지 않겠습니다.

코로나19가 기승을 부리는 동안에도 아이들이 계속해서 무언가를 배우는 모습을 지켜보는 것은 제게 크나큰 기쁨이었습니다. 염리초등학교, 동도중학교, 밀번중학교, 하트슌초등학교 선생님들, 특히 제가 이 원고를 열심히 타이핑하는 동안 아이들에게 수영을 가르쳐주신 하와이 키즈 풀 선생님들까지, 모두 고맙습니다. 두 아이가 계속해서 배우는 방법을 배울 수 있도록 최선을 다해준 선생님 한 분 한 분에게 감사의 인사를 전하고 싶습니다.

누구보다 독자들이 없었다면 이 책을 쓸 수 없었을 것입니다. 기꺼이 제 오디오클립을 필사해준 남승연, 초고를 읽고 여러 의견을 준 김기령, 김나희, 태영진, 최정우, 바쁜 고등학생인데도 시간을 내주어 고맙습니다. 최고의 학생들을 만나는 것은 가르치는 사람으로서 너무나 큰 기쁨입니다. 이 책을 읽고, 스스로 임포스터처럼 느껴지는 순간에 대해 솔직하고 들려주고 뒤표지에도 수록할 수 있도록 허락해준 학생들, 그 고마운 용기 잊지 않을게요.

마지막으로 이 책이 세상에 나오기까지 모든 과정을 함께해주신 분들에게 감사를 전합니다. 저의 부족한 문장을 매끄럽게 다듬어준 이현정, 조하정, 처음부터 끝까지 변함없이 지지해준 북이십일 출판사, 저의 첫 번째 책을 베스트셀러이자 스테디셀러로 만들어준 김수연 팀장님, 조유진 팀장님 고맙습니다. 두 분이 자신감을 준 덕분에 두 번째 책을 쓸 용기를 얻었어요. 또한 임포스터에 대한 책을 현실로 만들어준 이지혜 팀장님, 정신아 작가님 고마워요. 우리가 함께한 모든 순간이 즐거웠습니다.

Acknowledgements

There have been many people in my life who have always encouraged me to come back to my true self, and I am so thankful. To my family, I am grateful to you for seeing my failures and my successes, and applauding me for both. I am especially appreciative to my children, Seryn and Guy, who have taught me to be a perfectly imperfect mother.

Without the River Church of NJ, and the sermons of Pastor Jim Om, I would never have been able to begin to know what it means to have humility. And without Jen Om and the various small groups, I would still be struggling with much more anxiety. Thank you so much for you love and kindness.

To my many friends who have given me comfort even when I felt like an impostor, the many moms I am lucky to know, and the people whose research have been inspiring, thank you. I am grateful for your trust in my friendship, Mindy Cho, Cheryl Browne, Jasia Pietrzak, Eric Anderson, Bridgid Finn, Nate Kornell, Brady Butterfield, Glen Inanga, Sophia Choi, Elaine Kim, Hyeran Kim, Jens Grosser, Hoo Sun Lee, Eun Bok Kim, Young Yi Lee, Karen Tsai, Lu Han, YoonJoo Shin, Rob Brotherton, Myeong-Ho Sohn, Yoonhee Jang, Jaihyun Park, Junghoon Kim, and Daeyeol Lee.

I will never forget the kindness I received from the faculty at the University of Pennsylvania, especially Harvey Grill and Robert Rescorla. I thank Chan Woong Park and Yong Sik Kim for welcoming me into their lab at Seoul National University's Department of Pharmacology, when I was still an impostor. I thank my mentors from the Columbia University's Psychology Department, especially Janet Metcalfe, Herb Terrace, and Bob Krauss, for teaching me to "fall" in the best ways. A few colleagues at Teachers College at Columbia University have been wonderful sources of constant support, especially Stephen Peverly and Xiaodong Lin. I am grateful to the Barnard College's Psychology Department, who have given me the opportunity to truly take off my masks, in particular Peter Balsam, Larry Heuer, Robert Remez, Annie Senghas, Rae Silver, Danielle Sussan, Kara Pham, and Sue Sacks. And I thank Rajiv Sethi, for whom I have never had to pretend to be something I was not.

I could not have written this book without the support from the various organizations who have allowed me time and resources for the actual writing and sharing of my thoughts. I thank the Fulbright Scholarship Program and especially Director Jai Ok Shim for giving me a home in Korea. I thank the group at CMS, who have given me the opportunity to blog about my reflections in preparation for writing this book. I thank KBS, EBS, Naver, and Sebasi, for giving me incredible platforms on which to introduce the concept of metacognition. And I thank Bada Publishers, for publishing pieces of this book for Skeptic Korea.

For funding much of the research that is described in this book, I am grateful to Korea's Global Research Network, Kyung Il Kim, Tae Hoon Kim, and Yoonhyoung Lee. I am also indebted to Min-Shik Kim, Eunhee Ji, and the Yonsei Psychology Department, and Taekyun Hur, Yang-Seok Cho, and the Korea University Psychology Department, for hosting my travels to Korea. I could not have done this work without the collaboration of Ajou University and their wonderful colleagues, Jinhee Bae, Junsu Park, Seok Sung Hong, and Junhee Kim, and the encouragement from the faculty of Seoul National University's College of Liberal Studies and Psychology Department, especially Dayk Jang, and Sowon Hahn.

Even during covid, my biggest joy was to see my children experience the process of learning, and I am so very grateful to their many teachers at Yeomri Elementary School, Dongdo Middle School, Millburn Middle School, Hartshorn Elementary School, and Hawaii Kids Pool, where I spent many hours typing these chapters while watching my kid practice his swimming strokes. And I am thankful to each of their individual teachers and tutors, who have taught, and continue to teach, my children how to learn, and how to learn to learn.

I would not be able to write if I did not have readers, and I thank Sandy Nam, who graciously transcribed each of my audioclips, and the high school students who have read earlier drafts and made comments. I value your input so much, Michelle Kim, Madison Kim , Benjamin Tae, and Ethan Choi. And I am so grateful to have met the best students throughout the years, thank you especially to those who were willing to read my story and say honestly (on the back cover of this book) that you, too, understand feeling like an impostor.

Finally, I thank the people who have done the real work of putting this book together. Hyeonjeong Lee and Hajung Cho, I cannot thank you enough for making, as I requested, my disfluent writing, "beautiful." And Book21 Publishers, you have supported me from beginning to end. Editors Suyeon Kim and Yujin Cho, you have made my first book a bestseller and a steady seller. I will always be grateful to you for giving me the confidence needed to write a second book. And the people that made this book on Impostorism a reality, Editor Jihae Lee and Writer Shinah Chung, thank you so much. I have enjoyed every moment of this time together.

참고문헌

Ackerman, R., Bernstein, D. M., & Kumar, R. (2020). Metacognitive hindsight bias. *Memory & Cognition, 48,* 731–744.

Arena, D. M., & Page, N. E. (1992). The impostor phenomenon in the clinical nurse specialist role. *Image: The Journal of Nursing Scholarship, 24,* 121-126.

Ashcraft, M. H. (2002). Math anxiety: Personal, educational, and cognitive consequences. *Current Directions in Psychological Science, 11,* 181-185.

Badawy, R. L., Gazdag, B. A., Bentley, J. R., & Brouer, R. L. (2018). Are all impostors created equal? Exploring gender differences in the impostor phenomenon-performance link. *Personality and Individual Differences, 131,* 156-163.

Bae, J., Hong, S., & Son, L. K. (2020). Prior failures, laboring in vain, and knowing when to give up: Incremental versus entity theories. *Metacognition & Learning, 16,* 275-296.

Barrow, J. M. (2019, April). Impostorism: An evolutionary concept analysis. Nursing forum, 54, 127-136.

Baumeister, R. F., Bratslavsky, E., Muraven, M., & Tice, D. M. (1998). Ego depletion: Is the active self a limited resource?. *Journal of Personality and Social Psychology, 74,* 1252-1265.

Bayen, U. J., Pohl, R. F., Erdfelder, E., & Auer, T. S. (2007). Hindsight bias across the life span. *Social Cognition, 25,* 83-97.

Bernard, N. S., Dollinger, S. J., & Ramaniah, N. V. (2002). Applying the big five personality factors to the impostor phenomenon. *Journal of Personality Assessment, 78,* 321-333.

Bernat, E. (2008). Towards a pedagogy of empowerment: The case of 'impostor syndrome'among pre-service non-native speaker teachers in TESOL. *English Language Teacher Education and Development, 11,* 1-8.

Bernstein, D. M., Aßfalg, A., Kumar, R., & Ackerman, R. (2016). Looking backward and forward on hindsight bias. *The Oxford Handbook of Metamemory,* 289-304.

Bernstein, D. M., Atance, C., Loftus, G. R., & Meltzoff, A. (2004). We saw it all along: Visual hindsight bias in children and adults. *Psychological Science, 15,* 264-267.

Bernstein, D. M., Erdfelder, E., Meltzoff, A. N., Peria, W., & Loftus, G. R. (2011). Hindsight bias from 3 to 95 years of age. *Journal of Experimental Psychology: Learning, Memory, and Cognition, 37,* 378.

Bernstein, D. M., Wilson, A. M., Pernat, N. L., & Meilleur, L. R. (2012). Auditory hindsight bias. *Psychonomic Bulletin & Review, 19,* 588-593.

Birch, S. A., & Bernstein, D. M. (2007). What can children tell us about hindsight bias: A fundamental constraint on perspective–taking? *Social Cognition, 25,* 98-113.

Blank, H., Musch, J., & Pohl, R. F. (2007). Hindsight bias: On being wise after the event. *Social Cognition, 25,* 1-9.

Blank, H., Nestler, S., von Collani, G., & Fischer, V. (2008). How many hindsight biases are there? *Cognition, 106,* 1408-1440.

Boone, R. T., & Buck, R. (2003). Emotional expressivity and trustworthiness: The role of nonverbal behavior in the evolution of cooperation. *Journal of Nonverbal Behavior, 27,* 163-182.

Bradfield, A., & Wells, G. L. (2005). Not the same old hindsight bias: Outcome information distorts a broad range of retrospective judgments. *Memory & Cognition, 33,* 120-130.

Brems, C., Baldwin, M. R., Davis, L., & Namyniuk, L. (1994). The Impostor syndrome as related to teaching evaluations and advising relationships of university faculty members. *The Journal of Higher Education, 65,* 183-193.

Brotherton, R., & Son, L. K. (2021). Metacognitive labeling of contentious claims: Facts, opinions, and conspiracy theories. *Frontiers of Psychology: Personality and Social Psychology, 12,* doi: 10.3389/fpsyg.2021.644657.

Bryant, F. B., & Guilbault, R. L. (2002). " I Knew It All Along" Eventually: The Development of Hindsight Bias in Reaction to the Clinton Impeachment Verdict. *Basic and Applied Social Psychology, 24,* 27-41.

Byrnes, K. D., & Lester, D. (1995). The Impostor phenomenon in teachers and accountants. *Psychological Reports, 77,* 350-350.

Butterfield, B., & Metcalfe, J. (2006). The correction of errors committed with high confidence. *Metacognition and Learning, 1,* 69-84.

Cain, S. (2012). *Quiet: The power of introverts in a world that can't stop talking.* Crown Publishers/Random House.

Camerer, C., Loewenstein, G., & Weber, M. (1989). The curse of knowledge in economic settings: An experimental analysis. *Journal of Political Economy, 97,* 1232-1254.

Caselman, T. D., Self, P. A., & Self, A. L. (2006). Adolescent attributes contributing to the impostor phenomenon. *Journal of Adolescence, 29,* 395-405.

Castro, D. M., Jones, R. A., & Mirsalimi, H. (2004). Parentification and the impostor phenomenon: An empirical investigation. *The American Journal of Family Therapy, 32,* 205-216.

Chae, J.-H., Piedmont, R. L., Estadt, B. K., & Wicks, R. J. (1995). Personological evaluation of Clance's Impostor Phenomenon Scale in a Korean sample. *Journal of Personality Assessment, 65,* 468–485.

Chapman, A. (2017). Using the assessment process to overcome Impostor Syndrome in mature students. *Journal of Further and Higher Education, 41,* 112–119.

Chayer, M. H., & Bouffard, T. (2010). Relations between impostor feelings and upward and downward identification and contrast among 10-to 12-year-old students. *European Journal of Psychology of Education, 25,* 125-140.

Chen, C., Lee, S.Y., & Stevenson, H.W. (1995). Response style and cross-cultural comparisons of rating scales among East Asian and North American students. *Psychological Science, 6,* 170–175.

Chinn, C. A., & Brewer, W. F. (1993). The role of anomalous data in knowledge acquisition: A theoretical framework and implications for science instruction, *Review of Educational Research, 63,* 1-49.

Choi, D. W., & Choi, I. (2010). A comparison of hindsight bias in groups and individuals: The moderating role of plausibility. *Journal of Applied Social Psychology, 40,* 325-343.

Choi, I., & Nisbett, R. E. (2000). Cultural psychology of surprise: Holistic theories and recognition of contradiction. *Journal of Personality and Social Psychology,* 79, 890.

Chrisman, S. M., Pieper, W. A., Clance, P. R., Holland, C. L., & Glickauf-Hughes, C. (1995). Validation of the Clance Impostor phenomenon scale. *Journal of Personality Assessment,* 65, 456-467.

Christensen-Szalanski, J. J., & Willham, C. F. (1991). The hindsight bias: A meta-analysis. *Organizational Behavior and Human Decision Processes, 48,* 147-168.

Clance, P. R. (1985). *The impostor phenomenon: Overcoming the fear that haunts your success,* 209. Peachtree Publishers Atlanta, GA.

Clance, P. R., Dingman, D., Reviere, S. L., & Stober, D. R. (1995). Impostor phenomenon in an interpersonal/social context: Origins and treatment. *Women & Therapy,* 16, 79-96.

Clance, P. R., & Imes, S. A. (1978). The Impostor phenomenon in high achieving women: Dynamics and therapeutic intervention. *Psychotherapy: Theory, Research & Practice, 15,* 241-247.

Clance, P. R., & OToole, M. A. (1987). The impostor phenomenon: An internal barrier to empowerment and achievement. *Women & Therapy, 6,* 51-64.

Clark, M., Vardeman, K., & Barba, S. (2014). Perceived inadequacy: A study of the Impostor phenomenon among college and research librarians, *College & Research Libraries, 75,* 255-271.

Cokley, K., Awad, G., Smith, L., Jackson, S., Awosogba, O., Hurst, A., Stone, S., Blondeau, L., & Roberts, D. (2015). The roles of gender stigma consciousness, impostor phenomenon and academic self-concept in the academic outcomes of women and men. *Sex Roles: A Journal of Research, 73,* 414-426.

Cokley, K., McClain, S., Enciso, A., & Martinez, M. (2013). An examination of the impact of minority status stress and impostor feelings on the mental health of diverse ethnic minority college students. *Journal of Multicultural Counseling and Development, 41,* 82-95.

Conway, R., Kember, D., Sivan, A., & Wu, M. (1993). Peer assessment of an individual's contribution to a group project. *Assessment & Evaluation in Higher Education, 18,* 45–56.

Cope-Watson, G., & Betts, A. S. (2010). Confronting otherness: An e-conversation between doctoral students living with the Impostor Syndrome. *Canadian Journal for New Scholars in Education/Revue canadienne des jeunes chercheures et chercheurs en éducation, 3,* 1-13.

Cousins, S. D. (1989). Culture and self-perception in Japan and the United States. *Journal of Personality and Social Psychology, 56,* 124.

Cowen, A. S., & Keltner, D. (2017). Self-report captures 27 distinct categories of emotion bridged by continuous gradients. *Proceedings of the National Academy of Sciences, 114,* E7900-E7909.

Cowman, S. E., & Ferrari, J. R. (2002). "Am I for real?" Predicting impostor tendencies from self-handicapping and affective components. *Social Behavior and Personality: An International Journal, 30,* 119-125.

Cozzarelli, C., & Major, B. (1990). Exploring the validity of the impostor phenomenon. *Journal of Social and Clinical Psychology, 9,* 401–417.

Craddock, S., Birnbaum, M., Rodriguez, K., Cobb, C., & Zeeh, S. (2011). Doctoral students and the impostor phenomenon: Am I smart enough to be here? *Journal of Student Affairs Research and Practice, 48,* 429-442.

Crawford, W. S., Shanine, K. K., Whitman, M. V., & Kacmar, K. M. (2016). Examining the impostor phenomenon and work-family conflict. *Journal of Managerial Psychology, 31,* 375-390.

Cromwell, B., Brown, N., & Adair, F. L. (1990). The impostor phenomenon and personality characteristics of high school honor students. *Journal of Social Behavior and Personality, 5,* 563.

Crouch, J., Powel, M., Grant, C., Posner-Cahill, C., & Rose, A. (1991). Impostor phenomenon and psychological type among banking and higher education professionals. *Journal of Psychology Type, 20,* 34–42.

Cusack, C. E., Hughes, J. L., & Nuhu, N. (2013). Connecting Gender and Mental Health to Impostor Phenomenon Feelings. *Psi Chi Journal of Psychological Research, 18,* 74-81.

Dancy, T. E., & Brown, M. C. (2011). The mentoring and induction of educators of color: Addressing the impostor syndrome in academe. *Journal of School Leadership, 21,* 607-634.

Davis, D. E., Worthington Jr, E. L., & Hook, J. N. (2010). Humility: Review of measurement strategies and conceptualization as personality judgment. *The Journal of Positive Psychology, 5,* 243-252.

Dehn, D. M., & Erdfelder, E. (1998). What kind of bias is hindsight bias? *Psychological Research, 61,* 135-146.

Dekker, S. W. (2004). The hindsight bias is not a bias and not about history. *Human Factors and Aerospace Safety, 4,* 87-99.

de Melo, C. M., Carnevale, P. J., Read, S. J., & Gratch, J. (2014). Reading People's Minds From Emotion Expressions in Interdependent Decision Making. *Journal of Personality and Social Psychology, 106,* 73-88.

Dietvorst, B. J., & Simonsohn, U. (2019). Intentionally "biased": People purposely use to-be-ignored information, but can be persuaded not to. *Journal of Experimental Psychology: General, 148,* 1228.

Dudău, D. P. (2014). The relation between perfectionism and impostor phenomenon. *Procedia-Social and Behavioral Sciences, 127,* 129-133.

Dweck, C. S., & Molden, D. C. (2008). Self-theories: Their impact on competence motivation and acquisition. In A. J. Elliot & C. S. Dweck (Eds.), *Handbook of Competence and Motivation* (pp. 122–140). New York, NY: The Guilford Press.

Edwards, P. W., Zeichner, A., Lawler, N., & Kowalski, R. (1987). A validation study of the Harvey Impostor Phenomenon Scale. *Psychotherapy: Theory, Research, Practice, Training, 24,* 256.

Eisler, R. M., Hersen, M., Miller, P. M., & Blanchard, E. B. (1975). Situational determinants of assertive behavior. *Journal of Consulting and Clinical Psychology, 43,* 330-340.

Fukuyama, M. A., & Greenfield, T. K. (1983). Dimensions of assertiveness in an Asian-American student population. *Journal of Counseling Psychology, 30,* 429-432.

Ekman, P. (1992). An argument for basic emotions. *Cognition and Emotion, 6,* 169-200.

Ekman, P. (1993). Facial expression and emotion. *American Psychologist, 48,* 384-392.

Ekman, P., & Friesen, W. V. (1969). The repertoire of nonverbal behavior: Categories, origins, usage, and coding. *Semiotica, 1,* 49-98.

Ekman, P., Friesen, W. V., O'sullivan, M., Chan, A., Diacoyanni-Tarlatzis, I., Heider, K., Kachur, P. S., A., L. W., Pitcairn, T., Ricci-Bitti, P. E., Scherer, K., Tomita, M., & Tzavaras, A. (1987). Universals and cultural differences in the judgments of facial expressions of emotion. *Journal of Personality and Social Psychology, 53,* 712.

Erdfelder, E., Brandt, M., & Bröder, A. (2007). Recollection biases in hindsight judgments. *Social Cognition, 25,* 114-131.

Ewing, K. M., Richardson, T. Q., James-Myers, L., & Russell, R. K. (1996). The relationship between racial identity attitudes, worldview, and African American graduate students' experience of the impostor phenomenon. *Journal of Black Psychology, 22,* 53-66.

Exley, C. L., Niederle, M., & Vesterlund, L. (2020). Knowing when to ask: The cost of leaning in. *Journal of Political Economy, 128,* 816-854.

Feldman, S. S., & Rosenthal, D. A. (1990). The acculturation of autonomy expectations in Chinese high schoolers residing in two Western nations. *International Journal of Psychology, 25,* 259-281.

Ferrari, J. R., & Thompson, T. (2006). Impostor fears: Links with self-presentational concerns and self-handicapping behaviours. *Personality and Individual Differences, 40,* 341-352.

Fessel, F., Epstude, K., & Roese, N. (2009). Hindsight bias redefined: It's about time. *Organizational Behavior and Human Decision Processes, 110,* 56-64.

Finn, B. (2008). Framing effects on metacognitive monitoring and control. *Memory & Cognition, 36,* 813–821.

Fischhoff, B. (1975). Hindsight is not equal to foresight: The effect of outcome knowledge on judgment under uncertainty. *Journal of Experimental Psychology: Human Perception and Performance, 1,* 288.

Fischhoff, B. (2003). Hindsight≠ foresight: the effect of outcome knowledge on judgment under uncertainty. *BMJ Quality & Safety, 12,* 304-311.

Fischhoff, B. (2007). An early history of hindsight research. *Social Cognition, 25,* 10-13.

Fischhoff, B., & Beyth, R. (1975). I knew it would happen: Remembered probabilities of once—future things. *Organizational Behavior and Human Performance, 13,* 1-16.

Flavell, J. H. (1979). Metacognition and cognitive monitoring: A new area of cognitive-developmental inquiry. *American Psychologist, 34,* 906-911.

Fraenza, C. B. (2016). The role of social influence in anxiety and the impostor phenomenon. *Online Learning, 20,* 230-243.

Fried-Buchalter, S. (1992). Fear of success, fear of failure, and the Impostor phenomenon: A factor analytic approach to convergent and discriminant validity. *Journal of Personality Assessment, 58,* 368–379.

Fried-Buchalter, S. (1997). Fear of success, fear of failure, and the Impostor phenomenon among male and female marketing managers. *Sex Roles, 37,* 847–859.

Friesen, W. V. (1972). *Cultural Differences In Facial Expressions In A Social Situation: An Experimental Test Of The Concept Of Display Rules* University of California]. San Francisco.

Fry, P. S., & Ghosh, R. (1980). Attributions of success and failure: Comparisons of cultural differences between Asian and Caucasian children. *Journal of Cross-Cultural Psychology, 11,* 343-363.

Gendron, M. (2017). Revisiting diversity: cultural variation reveals the constructed nature of emotion perception. *Current Opinion in Psychology, 17,* 145-150.

Ghrear, S. E., Birch, S. A., & Bernstein, D. M. (2016). Outcome knowledge and false belief. *Frontiers in Psychology, 7,* 118.

Gibson–Beverly, G., & Schwartz, J. P. (2008). Attachment, entitlement, and the impostor phenomenon in female graduate students. *Journal of College Counseling, 11,* 119-132.

Gilovich, T., & Savitsky, K. (1999). The spotlight effect and the illusion of transparency: Egocentric assessments of how we're seen by others. *Current Directions in Psychological Science, 8,* 165–168.

Guilbault, R. L., Bryant, F. B., Brockway, J. H., & Posavac, E. J. (2004). A meta-analysis of research on hindsight bias. *Basic and Applied Social Psychology, 26,* 103-117.

Harley, E. M., Carlsen, K. A., & Loftus, G. R. (2004). The" saw-it-all-along" effect: demonstrations of visual hindsight bias. *Journal of Experimental Psychology: Learning, Memory, and Cognition, 30,* 960.

Harvey, J. C. (1981). *The impostor phenomenon and achievement: A failure to internalize success.* Temple University.

Harvey, J. C., & Katz, C. (1985). *If I'm so successful, why do I feel like a fake?: The Impostor Phenomenon.* New York: St. Martin's Press.

Hasher, L., Attig, M. S., & Alba, J. W. (1981). I knew it all along: Or, did I? *Journal of Verbal Learning and Verbal Behavior, 20,* 86-96.

Hawkins, S. A., & Hastie, R. (1990). Hindsight: Biased judgments of past events after the outcomes are known. *Psychological bulletin, 107,* 311.

Heine, S. J., Kitayama, S., Lehman, D. R., Takata, T., Ide, E., Leung, C., et al. (2001). Divergent consequences of success and failure in Japan and North America: An investigation of self-improving motivations and malleable selves. *Journal of Personality and Social Psychology, 81,* 599 – 615.

Hellman, C. M., & Caselman, T. D. (2004). A psychometric evaluation of the Harvey Impostor Phenomenon Scale. *Journal of personality assessment, 83,* 161-166.

Henning, K., Ey, S., & Shaw, D. (1998). Perfectionism, the impostor phenomenon and psychological adjustment in medical, dental, nursing and pharmacy students. *Medical Education, 32,* 456-464.

Henrich, J., Heine, S. J., & Norenzayan, A. (2010). The weirdest people in the world? *Behavioral and Brain Sciences, 33,* 61–83.

Herman, C. P., & Mack, D. (1975). Restrained and unrestrained eating. Journal of Personality, 43, 647- 660.

Heslin, P. A., Latham, G. P., & Vandewalle, D. (2005). The effect of implicit person theory on performance appraisals. *Journal of Applied Psychology, 90,* 842–856.

Hoffrage, U., Hertwig, R., & Gigerenzer, G. (2000). Hindsight bias: A by-product of knowledge updating? *Journal of Experimental Psychology: Learning, Memory, and Cognition, 26,* 566.

Holmes, S. W., Kertay, L., Adamson, L. B., Holland, C. L., & Clance, P. R. (1993). Measuring the impostor phenomenon: A comparison of Clance's IP Scale and Harvey's IP Scale. *Journal of Personality Assessment, 60,* 48–59.

Hutchins, H. M. (2015). Outing the Impostor: A study exploring Impostor phenomenon among higher education faculty. *New Horizons in Adult Education and Human Resource Development, 27,* 3–12.

Imes, S. (1979). The Impostor Phenomenon as a function of attribution patterns and internalized masculinity/femininity in high achieving women and men *(Doctoral dissertation,* Georgia State University).

Iwao, S. (1997). Consistency orientation and models of social behavior: Is it not time for West to meet East. *Japanese Psychological Research, 39,* 323-332.

Jagacinski, C. M., & Nicholls, J. G. (1990). Reducing effort to protect perceived ability:" They'd do it but I wouldn't." *Journal of Educational Psychology, 82,* 15.

James, W. (1890). *The Principles of Psychology.* New York: Henry Holt and Company the Principles of Psychology.

Ji, E., Son, L. K., & Kim, M. S. (under review). Emotion perception rules abide by cultural display rules: Koreans and Americans weigh emoji-like expressions differently.

Kelley, C. M., & Jacoby, L. L. (1996). Adult egocentrism: Subjective experience versus analytic bases for judgment. *Journal of Memory and Language, 35,* 157-175.

Kamarzarrin, H., Khaledian, M., Shooshtari, M., Yousefi, E., & Ahrami, R. (2013). A study of the relationship between self-esteem and the Impostor phenomenon in the physicians of Rasht city. *European Journal of Experimental Biology, 3,* 363-366.

Kaplan, K. (2009). Unmasking the impostor. *Nature, 459,* 468-469.

Kenyon, T., & Beaulac, G. (2014). Critical thinking education and debiasing. *Informal Logic, 34,* 341-363.

Keyes, Daniel. (1994). *Flowers for Algernon.* Orlando: Harcourt, Inc.

Kim, K. H. (1985). Expression of Emotion by Americans and Koreans. *Korean Studies, 38-* 56. http://www.jstor.org/stable/23717787.

Kim, J., Kim, K., & Son, L. K. (under review). Visible consequences of the Impostor Phenomenon: High Imposters take the responsibility but relinquish the credit.

King, J. E., & Cooley, E. L. (1995). Achievement orientation and the impostor phenomenon among college students. *Contemporary Educational Psychology, 20,* 304–312.

Kitayama, S., & Markus, H. R. (1994). *Emotion and culture: Empirical studies of mutual influence.* American Psychological Association. Psychological Association. https://doi. org/10.1037/10152-000.

Kitayama, S., Markus, H. R., & Matsumoto, H. (1995). Culture, self, and emotion: A cultural perspective on" self-conscious" emotions. *Self-conscious emotions: The psychology of shame, guilt, embarassment, and pride, 439-464.* Guilford Press.

Kitayama, S., Markus, H. R., Matsumoto, H., & Norasakkunkit, V. (1997). Individual and collective processes in the construction of the self: self-enhancement in the United States and self-criticism in Japan. *Journal of Personality and Social Psychology, 72,* 1245.

Ko, S. G., Lee, T. H., Yoon, H. Y., Kwon, J. H., & Mather, M. (2011). How does context affect assessments of facial emotion? The role of culture and age. *Psychology and Aging, 26,* 48-59.

Koh, E. J. (2020). *The Magical Language of Others.* Tin House Books.

Kolligian Jr, J., & Sternberg, R. J. (1991). Perceived Fraudulence in Young Adults: Is There an 'Impostor Syndrome'? *Journal of Personality Assessment, 56,* 308-326.

Konigsburg, E. L. (1967). *From the mixed-up files of Mrs. Basil E. Frankweiler.* New York :Atheneum.

Koriat, A., Lichtenstein, S., & Fischhoff, B. (1980). Reasons for confidence. *Journal of Experimental Psychology: Human learning and memory, 6,* 107.

Kornell, N., Hays, M. J., & Bjork, R. A. (2009). Unsuccessful retrieval attempts enhance subsequent learning. *Journal of Experimental Psychology: Learning, Memory, and Cognition, 35,* 989–998.

Kuczaj, S. A. (1978). Children's judgments of grammatical and ungrammatical irregular past-tense verbs. *Child Development, 49,* 319-326.

Kumar, S., & Jagacinski, C. M. (2006). Impostors have goals too: The impostor phenomenon and its relationship to achievement goal theory. *Personality and Individual Differences, 40,* 147-157.

LaDonna, K. A., Ginsburg, S., & Watling, C. (2018). "Rising to the Level of Your Incompetence": What Physicians' Self-Assessment of Their Performance Reveals About the Impostor Syndrome in Medicine. *Academic Medicine, 93,* 763–768.

Lane, J. A. (2015). The impostor phenomenon among emerging adults transitioning into professional life: Developing a grounded theory. *Adultspan Journal, 14,* 114-128.

Langford, J., & Clance, P. R. (1993). The impostor phenomenon: recent research findings regarding dynamics, personality and family patterns and their implications for treatment. *Psychotherapy: Theory, Research, Practice, training, 30,* 495.

Leary, M. R., Patton, K. M., Orlando, A. E., & Wagoner Funk, W. (2000). The impostor phenomenon: Self–perceptions, reflected appraisals, and interpersonal strategies. *Journal of Personality, 68,* 725-756.

Legassie, J., Zibrowski, E. M., & Goldszmidt, M. A. (2008). Measuring resident well-being: impostorism and burnout syndrome in residency. *Journal of General Internal Medicine, 23,* 1090-1094.

Leonhardt, M., Bechtoldt, M. N., & Rohrmann, S. (2017). All impostors aren't alike–differentiating the impostor phenomenon. *Frontiers in Psychology, 8,* 1505.

Lewis, C. S. 1., & Baynes, P. (1994). *The Horse and His Boy.* (The Chronicles of Narnia) New York: HarperTrophy.

Liu, P., Rigoulot, S., & Pell, M. D. (2017). Cultural immersion alters emotion perception: Neurophysiological evidence from Chinese immigrants to Canada. *Social Neuroscience, 12,* 685-700.

Lu, J. G., Nisbett, R. E., & Morris, M. W. (2020). Why East Asians but not South Asians are underrepresented in leadership positions in the United States. *Proceedings of the National Academy of Sciences, 117,* 4590-4600.

Maddux, W. W., Galinsky, A. D., Cuddy, A. J. C., & Polifroni, M. (2008). When being a model minority is good... and bad: Realistic threat explains negativity toward Asian Americans. *Personality and Social Psychology Bulletin, 34,* 74-89.

Mak, K. K., Kleitman, S., & Abbott, M. J. (2019). Impostor phenomenon measurement scales: A systematic review. *Frontiers in Psychology, 10,* 671.

Markus, H. R., & Kitayama, S. (1991). Culture and the self: Implications for cognition, emotion, and motivation. *Psychol Review, 98,* 224.

Markus, H. R., & Kitayama, S. (2001). The cultural construction of self and emotion: Implications for social behavior. *Emotions in Social Psychology: Essential Reading,* 119-137. Psychology Press.

Marshall, J. V. (1959). *Walkabout.* Puffin.

Masuda, T., Ellsworth, P. C., Mesquita, B., Leu, J., Tanida, S., & Van de Veerdonk, E. (2008, Mar). Placing the face in context: cultural differences in the perception of facial emotion. *Journal of Personality and Social Psychology, 94,* 365-381.

Masuda, T., & Nisbett, R. E. (2001, Nov). Attending holistically versus analytically: comparing the context sensitivity of Japanese and Americans. *Journal of Personality and Social Psychology, 81,* 922-934.

Matsumoto, D. (1990). Cultural similarities and differences in display rules. *Motivation and Emotion, 14,* 195-214.

Matthews, G., & Clance, P. R. (1985). Treatment of the impostor phenomenon in psychotherapy clients. *Psychotherapy in Private Practice, 3,* 71-81.

McDowell, W. C., Grubb III, W. L., & Geho, P. R. (2015). The impact of self-efficacy and perceived organizational support on the impostor phenomenon. *American Journal of Management, 15,* 23.

McElwee, R. O., & Yurak, T. J. (2010). The phenomenology of the impostor phenomenon. *Individual Differences Research, 8,* 184-197.

McGregor, L. N., Gee, D. E., & Posey, K. E. (2008). I feel like a fraud and it depresses me: The relation between the impostor phenomenon and depression. *Social Behavior and Personality: An International Journal, 36,* 43-48.

McPherson Frantz, C., & Janoff-Bulman, R. (2000). Considering both sides: The limits of perspective taking. *Basic and Applied Social Psychology, 22,* 31-42.

Metcalfe, J. & Weibve, D. (1987). Intuition in insight and noninsight problem solving, *Memory & Cognition, 15,* 238-246.

Meyer, M., Cimpian, A., & Leslie, S. J. (2015). Women are underrepresented in fields where success is believed to require brilliance. *Frontiers in Psychology, 6,* 235.

Moser, J. S., Schroder, H. S., Heeter, C., Moran, T. P., & Lee, Y. (2011). Mind your errors: Evidence for a neural mechanism linking growth mind-set to adaptive posterior adjustments. *Psychological Science, 22,* 1484–1489.

Müller, P. A., & Stahlberg, D. (2007). The role of surprise in hindsight bias: A metacognitive model of reduced and reversed hindsight bias. *Social Cognition, 25,* 165-184.

Nelson, T. O., Gerler, D., & Narens, L. (1984). Accuracy of feeling-of-knowing judgments for predicting perceptual identification and relearning. *Journal of Experimental Psychology: General, 113,* 282.

Nelson, T. O., & Narens, L. (1990). Metamemory: A theoretical framework and some new findings. In G. H. Bower (Ed.), *The Psychology of Learning and Motivation* (Vol. 26, pp. 125–173). San Diego, CA: Academic.

Nelson, T. O., & Narens, L. (1994). Why investigate metacognition? In J. Metcalfe, & A. J. Shimamura (Eds.). *Metacognition: Knowing about knowing.* Cambridge, MA: MIT Press.

Neureiter, M., & Traut-Mattausch, E. (2016). An inner barrier to career development: Preconditions of the impostor phenomenon and consequences for career development. *Frontiers in Psychology, 7,* 48.

Nisbett, R. E., & Wilson, T. D. (1977). Telling more than we can know: Verbal reports on mental processes. *Psychological Review, 84,* 231-259.

Obama, M. (2018). *Becoming* (First edition.). Crown.

Oskamp, S. (1965). Overconfidence in case-study judgments. *Journal of Consulting Psychology, 29,* 261-265.

Parkinson, B., & Manstead, A. S. R. (2015, Oct). Current emotion research in social psychology: Thinking about emotions and other people. *Emotion Review, 7,* 371-380.

Parkman, A. (2016). The Impostor phenomenon in higher education: Incidence and impact. *Journal of Higher Education Theory and Practice, 16,* 51-60.

Patzak, A., Kollmayer, M., & Schober, B. (2017). Buffering impostor feelings with kindness: The mediating role of self-compassion between gender-role orientation and the impostor phenomenon. *Frontiers in Psychology, 8,* 1289.

Paul, S. K. (2019, June). II—What Should 'Impostor Syndrome'Be?. In *Aristotelian Society Supplementary Volume* (Vol. 93, No. 1, pp. 227-245). Oxford University Press.

Pennington, D. C. (1981). Being wise after the event: An investigation of hindsight bias. *Current Psychological Research, 1,* 271–282.

Pergamit, M. R., & Veum, J. R. (1999). What is a Promotion? *ILR Review, 52,* 581–601.

Peteet, B. J., Montgomery, L., & Weekes, J. C. (2015). Predictors of impostor phenomenon among talented ethnic minority undergraduate students. *The Journal of Negro Education, 84,* 175-186.

Pezzo, M. (2003). Surprise, defence, or making sense: What removes hindsight bias? *Memory, 11,* 421-441.

Pezzo, M. (2011). Hindsight Bias: A Primer for Motivational Researchers. *Social and Personality Psychology Compass, 5,* 665-678.

Pezzo, M. V., & Beckstead, J. W. (2008). The effects of disappointment on hindsight bias for real–world outcomes. *Applied Cognitive Psychology: The Official Journal of the Society for Applied Research in Memory and Cognition, 22,* 491-506.

Pohl, R. F., Bender, M., & Lachmann, G. (2002). Hindsight bias around the world. *Experimental Psychology, 49,* 270.

Pohl, R. F., & Erdfelder, E. (2019). Hindsight bias in political decision making. In *Oxford Research Encyclopedia of Politics.*

Pourhosein, R., & Alizadeh, B. (2018). Investigating the relation of impostor and defense mechanisms with self-concept. *International Journal of Psychiatry, 3,* 1-4.

Ramsey, J. L., & Spencer, A. L. (2019). Interns and impostor syndrome: proactively addressing resilience. *Medical education, 53,* 504-505.

Rawson, K. A., & Dunlosky, J. (2011). Optimizing schedules of retrieval practice for durable and efficient learning: How much is enough? *Journal of Experimental Psychology: General, 140,* 283–302.

Roese, N. J., & Vohs, K. D. (2012). Hindsight bias. *Perspectives on Psychological Science, 7,* 411-426.

Rohrmann, S., Bechtoldt, M. N., & Leonhardt, M. (2016). Validation of the impostor phenomenon among managers. *Frontiers in Psychology, 7,* 821.

Ross, S. R., & Krukowski, R. A. (2003). The impostor phenomenon and maladaptive personality: Type and trait characteristics. *Personality and Individual Differences, 34,* 477-484.

Rowling, J. K. (2007). *Harry Potter and the Deathly Hallows.* New York, NY :Arthur A. Levine Books.

Ruderman, M. N., Ohlott, P. J., & Kram, K. E. (1995). Promotion decisions as a diversity practice. *Journal of Management Development, 14,* 6–23.

Saavedra, R., & Kwun, S. K. (1993). Peer evaluation in self-managing work groups. *Journal of Applied Psychology, 78,* 450.

Sadd, S., Lenauer, M., Shaver, P., & Dunivant, N. (1978). Objective measurement of fear of success and fear of failure: A factor analytic approach. *Journal of Consulting and Clinical Psychology, 46,* 405.

Sakulku, J., & Alexander, J. (2011). The impostor phenomenon. *The Journal of Behavioral Science, 6,* 75–97.

Sandage, S. J. (1999). An ego-humility model of forgiveness: Theoretical foundations. *Marriage and Family: A Christian Journal, 2,* 259-276.

Sandberg, S. (2013). *Lean in: Women, work, and the will to lead* (First edition.). Alfred A. Knopf.

Schaede, U. & Mankki, V. (2021 Working Paper). Quota vs Quality? Long-Term Gains from an Unusual Gender Quota.

Schubert, N., & Bowker, A. (2019). Examining the impostor phenomenon in relation to self-esteem level and self-esteem instability. *Current Psychology, 38,* 749-755.

Scott, G. W. (2017). Active engagement with assessment and feedback can improve group-work outcomes and boost student confidence. *Higher Education Pedagogies, 2,* 1-13.

Shafran, R., Cooper, Z., & Fairburn, C. G. (2002). Clinical perfectionism: A cognitive-behavioural analysis. *Behaviour Research and Therapy, 40,* 773-791.

Sherman, R. O. (2013). Impostor syndrome: When you feel like you're faking it. *American Nurse Today, 8,* 57–58.

Simmons, D. (2016). Impostor syndrome, a reparative history. *Engaging Science, Technology, and Society, 2,* 106-127.

Slank, S. (2019). Rethinking the impostor phenomenon. *Ethical Theory and Moral Practice, 22,* 205-218.

Son, L. K. (2005). Metacognitive control: Children's short-term versus long-term study strategies. *Journal of General Psychology, 132,* 347-363.

Son, L. K. (2004). Spacing one's study: Evidence for a metacognitive control strategy. *Journal of Experimental Psychology: Learning, Memory, and Cognition, 30,* 601-604.

Son, L. K. (2010). Metacognitive control and the spacing effect. *Journal of Experimental Psychology: Learning, Memory, and Cognition, 36,* 255-262.

Son, L. K., Hong, S., Han, L., Kim, T. H., & Lee, Y. (2021). Taking a naïve other's perspective to debias the hindsight bias: Did it backfire? *New Ideas in Psychology, 62,* Article 100867. https://doi.org/10.1016/j.newideapsych.2021.100867

Son, L. K. & Kim, J. (2021). Worth the Responsibility But Not Worth the Credit. Poster presented at the *Annual Meeting of the Psychonomic Society.* November 4-7. Online.

Son, L. K., & Kornell, N. (2010). The virtues of ignorance. *Behavioural Processes, 83,* 207-212.

Son, L. K., Kornell, N., Finn, B., & Cantlon, J. (2012). Metacognition and the social animal. In P. Briñol & K. DeMarree (Eds.), *Social Metacognition. Series entitled: Frontiers of Social Psychology* (Series Editors: A. Kruglanski & J. Forgas).

Son, L. K., & Metcalfe, J. (2000). *Metacognitive and control strategies in study-time allocation. Journal of Experimental Psychology: Learning, Memory, and Cognition, 26,* 204-221.

Son, L. K., & Sethi, R. (2006). Metacognitive control and optimal learning. *Cognitive Science, 30,* 759-774.

Son, L. K., & Sethi, R. (2010). Adaptive learning and the allocation of time. *Adaptive Behavior, 18,* 132-140.

Son, L. K., & Simon, D. (2012). Distributed learning: Data, metacognition, and educational implications. *Educational Psychology Review, 24,* 379-399.

Sonnak, C., & Towell, T. (2001). The impostor phenomenon in British university students: Relationships between self-esteem, mental health, parental rearing style and socioeconomic status. *Personality and Individual Differences, 31,* 863-874.

Stening, B.W., & Everett, J.E. (1984). Response styles in a cross-cultural managerial study. *Journal of Social Psychology, 122,* 151–156.

Sue, D., Ino, S., & Sue, D. M. (1983). Nonassertiveness of Asian Americans: An inaccurate assumption? *Journal of Counseling Psychology, 30,* 581-588.

Suh, E. M. (2002). Culture, identity consistency, and subjective well-being. *Journal of Personality and Social Psychology, 83,* 1378-1391.

Tao, K. W., & Gloria, A. M. (2019). Should I stay or should I go? The role of impostorism in STEM persistence. *Psychology of Women Quarterly, 43,* 151-164.

Thomas, R. C., & Jacoby, L. L. (2013). Diminishing adult egocentrism when estimating what others know. *Journal of Experimental Psychology: Learning, Memory, and Cognition, 39,* 473-486.

Thompson, T., Davis, H., & Davidson, J. (1998). Attributional and affective responses of impostors to academic success and failure outcomes. *Personality and Individual differences, 25,* 381–396.

Thompson, T., Foreman, P., & Martin, F. (2000). Impostor fears and perfectionistic concern over mistakes. *Personality and Individual Differences, 29,* 629–647.

Tice, D. M., Butler, J. L., Muraven, M. B., & Stillwell, A. M. (1995). When modesty prevails: Differential favorability of self-presentation to friends and strangers, *Journal of Personality and Social Psychology, 69,* 1120-1138.

Topping, M. E., & Kimmel, E. B. (1985). The Impostor phenomenon: Feeling phony. Academic Psychology Bulletin, 7, 213-226.

Tulving, E. (1985). Memory and consciousness. *Canadian Psychology/Psychologie Canadienne, 26,* 1.

Urwin, J. (2018). Impostor phenomena and experience levels in social work: An initial investigation. *British Journal of Social Work, 48,* 1432-1446.

Vaughn, A. R., Taasoobshirazi, G., & Johnson, M. L. (2020). Impostor phenomenon and motivation: women in higher education. *Studies in Higher Education, 45,* 780-795.

Vergauwe, J., Wille, B., Feys, M., De Fruyt, F., & Anseel, F. (2015). Fear of being exposed: The trait-relatedness of the impostor phenomenon and its relevance in the work context. *Journal of Business and Psychology, 30,* 565-581.

Wang, J., Leu, J., & Shoda, Y. (2011). When the seemingly innocuous "stings": Racial microaggressions and their emotional consequences. *Personality and Social Psychology Bulletin, 37,* 1666 –1678.

Wang, K. T., Sheveleva, M. S., & Permyakova, T. M. (2019). Impostor syndrome among Russian students: The link between perfectionism and psychological distress. *Personality and Individual Differences, 143,* 1-6.

Want, J., & Kleitman, S. (2006). Impostor phenomenon and self-handicapping: Links with parenting styles and self-confidence. *Personality and Individual Differences, 40,* 961–971.

Warren, C., Pezzuti, T., & Koley, S. (2018), "Is Being Emotionally Inexpressive Cool?"

Journal of Consumer Psychology, 28, 560–577.

Wasserman, D., Lempert, R. O., & Hastie, R. (1991). Hindsight and causality. *Personality and Social Psychology Bulletin, 17,* 30-35.

Weidman, A.C., Cheng, J.T. and Tracy, J.L. (2016). The psychological structure of humility. *Journal of Personality and Social Psychology,* https://doi.org/10.1037/pspp0000112.

Wexler, D. B., & Schopp, R. F. (1989). How and when to correct for juror hindsight bias in mental health malpractice litigation: Some preliminary observations. *Behavioral Sciences & the Law, 7,* 485-504.

Winman, A., Juslin, P., & Björkman, M. (1998). The confidence–hindsight mirror effect in judgment: An accuracy-assessment model for the knew-it-all-along phenomenon. *Journal of Experimental Psychology: Learning, Memory, and Cognition, 24,* 415.

Wood, G. (1978). The knew-it-all-along effect. *Journal of Experimental Psychology: Human Perception and Performance, 4,* 345.

Yama, H., Manktelow, K. I., Mercier, H., Henst, J.-B. V. d., Soo Do, K., Kawasaki, Y., & Adachi, K. (2010). A cross-cultural study of hindsight bias and conditional probabilistic reasoning. *Thinking & Reasoning, 16,* 346-371.

Ye, R. & Nylander, E. (2015). The transnational track: state sponsorship and Singapore's Oxbridge elite. *British Journal of Sociology of Education 36,* 11–33.

Zanchetta, M., Junker, S., Wolf, A. M., & Traut-Mattausch, E. (2020). Overcoming the Fear That Haunts Your Success: The Effectiveness of Interventions for Reducing the Impostor Phenomenon. *Frontiers in Psychology, 11,* 405.

KI신서10044

임포스터

1판 1쇄 발행 2022년 1월 5일
1판 6쇄 발행 2024년 2월 23일

지은이 리사 손
펴낸이 김영곤
펴낸곳 ㈜북이십일 21세기북스

인문기획팀장 양으녕 **인문기획팀** 이지연 정민기 서진교 노재은
디자인 THIS-COVER
출판마케팅영업본부장 한충희
마케팅1팀 남정한 한경화 김신우 강효원
마케팅2팀 나은경 정유진 박보미 백다희 이민재
출판영업팀 최명열 김다운 김도연 권채영
제작팀 이영민 권경민

출판등록 2000년 5월 6일 제406-2003-061호
주소 (10881) 경기도 파주시 회동길 201 (문발동)
대표전화 031-955-2100 **팩스** 031-955-2151 **이메일** book21@book21.co.kr

ⓒ리사 손, 2022

ISBN 978-89-509-9876-9 03370

(주)북이십일 경계를 허무는 콘텐츠 리더

21세기북스 채널에서 도서 정보와 다양한 영상자료, 이벤트를 만나세요!
페이스북 facebook.com/jiinpill21   포스트 post.naver.com/21c_editors
인스타그램 instagram.com/jiinpill21   홈페이지 www.book21.com
유튜브 youtube.com/book21pub

당신의 일상을 빛내줄 탐나는 탐구 생활 〈탐탐〉
21세기북스 채널에서 취미생활자들을 위한 유익한 정보를 만나보세요!